駛向未來

徐聯恩
葉匡時　著
楊靜怡

序

由於經營環境與資訊科技快速改變，「企業變革」或「組織改造」因而成爲八〇年代中期以來最重要的企業現象和管理技術。無論是較早之前的歐美企業，或是近年來的日本和我國企業，都面臨企業變革的壓力與挑戰。

因此，人們對於艾科卡的「反敗爲勝」感到好奇，而韓默和錢辟的《改造企業》(*Reengineering the Corporation*) 更成爲企業界爭相傳誦的暢銷書。學者則根據企業變革的經驗，逐漸發展出企業演進的間斷均衡模型 (punctuated equilibrium model)，宣稱企業成長的典型過程，係由長期的漸進改善階段與短期的不連續改造階段兩相交替組成，確認了階段性組織改造在企業經營上的正當性，並強調擁有改善與創新兩種不同能力、兼顧演進與變革的「雙元組織」(ambidextrous organization)，才是確保企業長期經營成功的模式。

經過近百年的實驗，各國公營事業都面臨嚴重無法適應今日環境的情況，並位居全球企業變革風潮的最前端，公營事業民營化已經成爲世界各國既定的經濟政策。但由於公營事業的資本來自各級政府，員工權益更受保障，因此公營事業的變革比民營事業更爲艱難，成功的案例也遠爲稀少。

省營的台汽客運公司一直是國內客運產業的龍頭，長期伴隨台灣經濟與民衆的成長，搭乘台汽班車南來北往乃成爲吾人記憶中難忘的經驗。然而，正由於社會經濟快速發展，於是，違規遊覽車興起、高速公路塞車、鐵路電氣化完成、國內航空業蓬勃，遂使得台汽公司營收大減，再加上營運成本逐年升高，導致台汽公司年年虧損，終於到了不得不大力改革的時刻！

在一個偶然的機會，我們認識了台汽公司的董事長陳武雄先生，並在陳董事長的支持下，接受了台汽公司的委託，進行台汽公司行政革新與組織變革的研究。從民國八十六年九月起到八十八年三月，該研究整整進行了一年半，本書是改寫自該研究的成果報告。葉匡時是該研究計畫的主持人，徐聯恩是共同主持人，楊靜怡則是研究助理。在實際研究與撰寫報告的過程中，我們三個人所分擔的份量與貢獻，大致相當。書中附錄所探討的成功的組織改造策略，則是徐聯恩根據多年來研究組織變革完成的論述。

在研究過程中，許多位台汽公司員工，包括高階主管也包括基層員工，都熱心地提供相關文獻、記錄、錄音等資料之外，還不吝其煩的接受我們訪問，我們非常的感激。誠如一般人所預期，台汽也如其他公營事業，許多員工的工作心態與效率都需要檢討。然而，我們也見到不少台汽員工，在面對沈重的經營壓力與組織變革震盪下，無怨無悔、盡心盡力的爲公司賣力。當我們在批判公營事業的各種問題與病態時，實在不應該忘記這些堅守崗位的員工。

由於企業變革涉及經營環境的變遷與事業統御管理結構，因此，本書首先介紹台灣經濟、客運市場與台汽公司的發展，隨後探討交通運輸政策的改變與台汽公司的轉捩點；然後，先討論公營事業的統御與管理結構，再描述台汽公司揮之不去的經營危機、救亡圖存的努力，尤其詳述由現任董事長陳武雄先生領導下的縮小規模急速變革過程。最後，我們探討公營事業民營化與企業化的問題、工會在企業變革過程中的角色、離職員工的再就業狀況、台汽急速變革後的後續發展，以及台汽變革經驗的啓示。

我們認爲，台汽公司民國八十五年底的縮小規模急速變革，可以說是公營事業變革的成功範例。在當前公營事業的經營環境中，台汽公司能夠以相當理性平和的過程，完成近兩千人的大規模人員縮減，陳武雄先生「以訓練代替溝通」的政策與直接指揮領導的魄力，居功甚偉。

不過，台汽公司的變革目標顯然尚未完成，譬如，營運尚未轉虧爲盈，也尚未完成民營化；在企業變革過程中，人才流失與士氣挫敗感的傾向，尚無扭轉的跡象，而新的願景與經營策略更有待建立。換言之，成功的企業變革，不但需要縮減整頓，還需要復甦成長，前者需要決心與魄力，後者則需要想像力與創新。

我們要再次感謝台汽公司陳董事長以及所有接受我們訪問的幹部與同仁，他們慷慨提供切身的經驗與心得讓大家分享，爲建立成功的企業變革典範做出貢獻。我們也衷心祝福台汽變革能順利成功，浴火重生。

目錄

1

經濟發展與公路建設

台灣經濟五十年

中華民國在台灣之經濟發展經驗素爲開發中國家傳頌之典範，而「台灣經驗」也廣爲國際所關注與學習。民國四十年，政府遷台不久，台灣之國民生產毛額僅只一百四十五美元，經歷數十年建設，至民國八十五年，已增加至一萬一千六百三十五美元，四十五年間，成長幅度高達80倍，經濟學者林鐘雄將這段時期劃分爲五個經濟發展階段：

戰後經濟重建時期（民國三十四年至四十一年）

台灣光復之初，在民國三十四年至三十八年這段期間，由於原有之建設遭受戰爭破壞，另方面大陸時局亦處於混亂的局面，因之財力、人力、物力均極爲缺乏，沒有能力進行戰後復建工作，當時社會整體呈現蕭條的景象。

及至三十八年國民政府播遷來台，爲了穩定物價，採取了諸多措施，一方面於當年六月十五日實施幣值改革等相關措施，

民國35年自製木造車身福特客車。

以恢復人民對幣值的信心，另方面積極進行原有農工生產建設與交通運輸設施的修復工作，同時問並實施土地改革，這段期間各方面發展齊頭並進。至民國四十一年，台灣地區的農工生產與交通運輸營運已恢復至光復前最高水準。

自立成長時期（民國四十二年至四十九年）

為使有限的資源，能作有效的利用，政府自民國四十二年起開始實施第一期四年經濟建設計畫，以「以農業培養工業，以工業發展農業」作為經濟發展的指導政策。

在農業方面，進行土地改革，實施三七五減租、公地放領與耕者有其田，增加農業生產使國內的糧食供應充足，並有餘力將農產品及其加工品出口以賺取外匯，奠定日後台灣經濟穩定成長的基礎。

工業方面，由於外匯短缺，以發展進口替代工業為策略。衡量當時生產條件，選擇需要技術簡單、資本較少、勞力較多的工業，如食品加工、紡織、合板及家電裝配等產業加以發展，

民國47年製造之五十鈴柴油客車。

以充裕國內需要。

這段期間的經濟發展策略相當成功，使得台灣農工生產大幅提高，平均每年增產幅度，分別爲4.5%及11.7%，經濟成長率平均每年亦達7.6%。隨著經濟的發展，台灣內陸的人員物資流動相形增加，因之交通運輸也成爲一項建設重點；此時期內陸之長途運輸以鐵路爲主，短途則以公路運輸爲主，分別肩負起當時運輸的重要角色。

力爭上游時期（民國五十年至六十一年）

民國五〇年代初期，國內市場狹小使得台灣的經濟發展面臨瓶頸，爲了促進經濟持續成長，必須開拓國外市場，因此，政府乃開始採取出口導向的發展策略，實施一連串新的財經措施，包括鼓勵儲蓄、獎勵投資、改善投資環境、吸收僑外投資、平衡預算、鼓勵出口、減少管制、健全金融體系等，以改善投資環境、鼓勵投資、拓展國外市場，並成爲此一時期財經改革政策的基本原則。

由於當時國際經濟景氣繁榮，我國擁有低廉的工資優勢，加上政府所採取的財經措施良善，使得這段期間台灣的對外貿易呈現持續成長的局面，無論是出口或進口，都保持年年成長，而且貿易入超金額逐年下降；當民國六十年開始出超之後，台灣從此步入長期貿易出超的新經濟局面。

在交通運輸方面，國內鐵路與港埠的運量已日趨飽和，因此，公路運輸乃乘勢而起，取代早期以鐵路爲主體的運輸模式。同時，由於公路建設陸續進行，使得公路在內陸運輸所扮演的角色益形重要；如東西橫貫公路的興築，一方面加速東西部人貨的交流，一方面也帶動台灣的旅遊與觀光。此時期可說是公路運輸蓬勃發展的時期，公路局運輸部門的業務快速發展，所提供的交通服務也成爲台灣每個國民生活的一部分。

經濟波動時期（民國六十二年至六十八年）

民國六十年代初期，全球市場連續發生兩次石油危機，國際經濟局勢開始呈現衰退，導致國內經濟大幅波動，同時也使得我國出口成長率減緩。政府爲因應這樣的變局，採取一些因應措施，如第一次石油危機發生後的「穩定當前經濟措施方案」，採取擴張性的財經政策，以促進經濟復甦；第二次石油危機期間，爲平抑物價膨脹，採行緊縮性的金融政策。

此外，前一時期台灣高經濟成長所累積的貿易擴張、工業成長及消費能力的提高，逐漸對國內基本設施的服務能量形成壓力。基本設施不足並成爲台灣經濟進一步成長的瓶頸，如電力供應不足，開始實施限電措施；西部公路交通壅塞，行車所需時間倍增；鐵路運輸與基隆、高雄兩港也都面臨壅塞的情況。

民國62年製造之英製福特金馬號柴油客車。

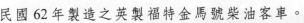

因此，在克服經濟波動的同時，政府亦開始推動台灣經濟結構轉型的長期工作。爲了奠定日後經濟發展的基礎，政府於民國六十二年起推動五年期之十項建設計畫，包括由核能電廠及六項交通建設組成的基本設施投資，以及由一貫作業煉鋼廠、石油化學工業及大造船廠組成的石化工業投資。前者的目的在於消除已知的基本設施瓶頸，提高經濟活動的效率；後者的目的在於積極改善台灣的工業結構，提升經濟發展的層次。

此期間，有感於台灣各運輸系統運量已呈現飽和，以及體認運輸系統對於一國經濟發展的重要性，因此政府特別重視基礎交通建設的推動，期能以擴大內需市場的投資帶動台灣經濟的再發展。此時，內陸交通仍以公路運輸爲主，民國六十七年完成的中山高速公路，尤其成爲南北運輸的大動脈。

十項建設完成後，政府於民國六十七年再推動十二項建設，包括延伸十項建設、農業建設、社會文化建設與交通建設四類，其中交通建設包括興建環島鐵路網、三條東西橫貫公路與拓寬屏鵝公路等，占有相當高的比例。

民國65年朋馳中興號客車。

開放型經濟時期（民國六十九年至今）

由於近年來我國持續享有外貿順差，民國七十年至七十五年，累計國際收支順差已達到四百零六億美元，因此，主要貿易夥伴美國愈趨關切貿易失衡狀態，並在貿易談判中採取強硬姿態，政府配合此一情勢，乃加速推動貿易自由化，大量解除管制進口項目，並陸續大幅降低進口關稅，以期減緩貿易順差。

目前，台灣已是開放型經濟，進口管制大抵已全數解除，關稅亦符合世界貿易規範，有關經常帳交易之各項外匯管制也已經廢止，國際資本移動自由。隨著經濟的成長，國民財富亦逐漸增加，至民國八十五年止，平均每人國民生產毛額為一萬一千六百三十五美元。

此段期間的交通運輸，以民國七十六年的天空開放政策影響最大，不但增加內陸市場的新運具，此後數年空運更以倍數的方式成長。不過，公路運輸受制於系統承載能量不足，以及自用小客車的飛快成長，使得公共運輸業務遲滯不前。政府有感於需要一套更完善的整體運輸政策，遂於民國八十四年擬定「交通政策白皮書」，強調將配合國土綜合開發計畫，推動台灣區域城際運輸整體發展計畫，建立全島高、快速公路網，並結合地方生活圈道路網，以形成高效率之整體公路運輸系統。此外，亦將構建台灣西部走廊高速鐵路，補助台鐵汰換及增購車輛，形成完備之軌道運輸系統。在政策發展方面，交通建設的政策重心將由建設轉移至管理，期能以更周詳的觀點，來推動國內各運輸系統的發展。

然而，這段時期卻也是國內公路運輸由盛轉衰的時期。台灣汽車客運公司也從年年盈餘、客運一票難求的強勢地位，轉而成為如今年年虧損、瀕臨破產的局面。

交通建設飛躍成長

交通建設對於經濟發展影響甚巨，台灣地區交通運輸系統隨著社會變遷、經濟成長、運輸需求增加，以及各期經建計畫之實施，而不斷發展及建設。本節將探討台灣交通建設的發展歷程、未來發展構想，與交通建設對於經濟的貢獻。

交通建設發展歷程

台灣交通建設發展歷程中，依運量成長趨勢及各期運輸投資策略，約可分爲四階段：

◆系統復建階段（民國四十二年到五十三年）

此一階段以現存系統之復建及重點改善爲重點，發展策略是鐵路優於公路，同時，發展海運以配合外貿拓展。在內陸運輸方面，長途以鐵路爲主，短途以公路爲主；機車是當時重要的私人運具，都市運輸則以公車爲主。在國際運輸方面，固然發展海運以配合外貿拓展，不過，港埠作業仍以人工爲主，所以作業效率不高；空運則尚未發展。

整體來說，經歷政府積極的修復工作，運輸系統之營運已趨正常，各運輸部門運量平均成長率達9.6％。

◆系統飽和階段（民國五十四年至六十一年）

隨著經濟的發展，交通建設的需求益形殷切，因此，此一時期的發展重心是擴充運輸系統能量，提升運輸效率。策略上仍以鐵路爲主，但亦開始注重公路發展。結果，公路運輸成長快速，鐵路不再一支獨秀。此外，都市化的結果也使得都市運輸建設不足的問題逐漸浮現。在國際運輸方面，持續前一階段的方向，發展海運並建設港埠及機場。

此期間鐵公路運輸系統運作漸趨成熟，運量成長迅速，惟階段末期各運輸系統漸趨飽和，其中尤以鐵路及港埠的飽和現象最爲嚴重，因此加強運輸投資實有必要。總體而言，此期間運量成長之年平均成長率達12％。

◆重大建設階段（民國六十二年至七十年）

政府體認經濟發展受制於交通運輸能量不足的客觀情勢，以及石油危機造成的國際不景氣，乃決定推行重大交通建設，大幅提升運輸系統能量，並以公路運輸作爲發展重心。

民國六十二年推動的十大建設中，交通建設占六項，包括南北高速公路、中正國際機場、台中港、西部幹線鐵路電氣化、蘇澳港、北迴鐵路。而後續的十二項建設中，交通建設亦包含五項，包括環島鐵路網、新建三條東西橫貫公路、改善高屏地區交通、台中港二三期工程，以及拓建屏東至鵝鑾鼻道路。

此一時期的發展重心雖爲公路運輸，可是，由於自用小客車相對快速成長，公路負荷也隨之上升，而大衆運輸業務也開始呈現停滯成長的現象。在其他建設方面，鐵路運輸仍繼續發展，海運則朝港埠設施現代化的方向努力，空運運輸兼顧了機場拓建及航空事業的發展。

由於各運輸工具皆顯著成長，使得各運輸系統間彼此競爭的現象日趨明顯，相對替代性提高；結果，海空運受陸運影響，鐵路受公路影響，公衆運輸受私人運輸影響，造成運量結構顯著改變。

整體而言，此期間運量的年平均成長率較前兩階段爲低，只有7.9%。

◆建設轉型階段（民國七十一年迄今）

有鑒於不同運具之間的競爭，此一時期的發展策略乃由重視個別系統的發展，轉向整體運輸系統之規劃，包括加強政策之配合以調整運輸結構、加強發展整體都會區運輸系統。同時，除了著重運輸系統的擴充之外，也強調運輸服務品質的提升。

此期間除了國內外空運與北迴鐵路運量顯著成長之外，西部鐵路運輸成長緩慢；公共運輸運量成長普遍呈現停滯，私人運具的增加使得公路系統更顯不足；港埠功能現代化的腳步亦有待加強。

整體而言，民國七十一年到八十年的年平均運量成長率較前面諸期更低，只有4.5%。

未來交通建設發展構想

雖然政府從民國六〇年代以來就開始大量進行交通建設投資，但是，國內運輸能量仍然落後於行旅需求，交通建設投資延續過去「需求領導供給」的模式進行，缺乏均衡與前瞻的整體政策規劃，國內交通問題始終未能獲得有效紓解。爲因應未來運輸環境之變遷，交通部遂於民國八十四年出版《運輸政策白皮書》，宣告未來運輸政策發展方向，包括：政策重心由建設轉移至管理、陸運建設由公路擴展至軌道、運具使用由私人誘導至大衆、營運管理由管理漸進至開放、經營組織由公營轉型至民營十二項等。在這些政策之下，公共汽車客運業將放寬經營限制、公營運輸事業將民營化、大衆運輸事業稅賦將減免、義務優待票負擔將減除，大衆運輸業之投資與營運將獲得獎勵或補助。

依交通部構想，未來內陸運輸將以環島鐵路網作爲城際大衆運輸主幹，並藉以緩和運輸工具之快速成長。其中，西部走廊運輸將以高速鐵路爲主，現有台鐵路線之運輸功能將轉變爲貨運與區間通勤通學之客運。

在公路建設部分，由於西部幹線中山高速公路已經飽和，因此政府於民國七十五年著手興建北部第二高速公路，現並已通車。未來台灣地區高速公路整體網路計畫，包括北宜高速公路、北二高後續計畫、南橫快速公路、東部快速公路與中橫快速公路的興建。

航空建設部分則有台北飛航情報區航管系統之更新、中正國際機場二期航站工程計畫、高雄國際機場擴建計畫二期工程，與蘭嶼、恆春、金門、綠島機場等擴建工程。

從預計經費需求看來，未來的交通建設經費以公路網建設之兩兆餘元最高。

交通建設的經濟貢獻

在國家經濟發展經驗中，雖然也有以交通建設作爲領導部門而促成經濟起飛的先例，但是，多數國家由於經濟資源之限制，經濟發展初期通常會犧牲公共投資，先將資源優先投入於直接生產活動上，因而延緩基礎建設（如交通建設）的進行。但是，經過一段時間之後，終因社會基礎建設缺乏，構成經濟發展瓶頸，遂迫使社會資源轉向基礎建設之投資。這種交通建設落後於經濟建設的循環，乃形成交通服務水準週期性提升的情況。

回顧台灣五十年來的發展經驗，也有類似的情形。自民國五十年代我國經濟快速成長以來，國內運輸投資不足的問題即逐漸顯現。政府有鑒於此，自民國六十年代開始，陸續大量投資交通建設，如民國六十二年的十大建設中，交通建設占了六項；六十七年的十二項建設中，交通建設也有五項；七十三年的十四項建設中，交通建設仍然占了六項；民國六十六年到七十六年之間，交通建設的平均投資比例，更占全國總投資的53％。

具體而言，交通建設對台灣經濟帶來如下之效益：

◆提高路、海、空之運輸能力及效率

鐵路路線雙軌化和西部幹線體路電氣化之完成，提高了鐵路路線容量和運輸能量；北迴鐵路之開通，使東部交通大為改善；中山高速公路通車使全島公路運輸能量提高一倍；桃園、高雄國際機場之闢建，增加了空運客貨運容量。

◆節省運輸時間，減低運輸成本

中山高速公路通車與鐵路電氣化完成，使得台北至高雄間之行車時間，公路由七．五小時縮為四小時，鐵路則由六．五小時縮短為四小時，另北迴鐵路由蘇澳至花蓮僅需一．三小時，較蘇花公路之費時四小時二十分縮減甚多，且便利東部地區之客貨流通及蘇花兩港貨運之集散。

◆促進區域之平衡發展

在運輸投資中，規劃完善健全之運輸網路，改善興建適當之運輸設備，不但使運輸服務水準提高，更可透過運輸投資，誘導產業人口重新分配，促使國土均衡發展。

◆提高生活品質，增進公共福祉

完善之運輸網路分布，不但強化國家建設，也促進社區之發展，減少時空阻隔讓大家共同享受文化、經濟成果，並減少因運量擁擠與運輸服務不足及運輸效率低落而造成資源浪費。

◆維護運輸安全

運輸系統除了講求效率外，安全爲一不可忽略之重要因素，有關鐵公路沿線路基、站場、橋樑、號誌、與平交道設施之改善，港埠、機場設備之改善，以及航管系統、助航設施之改善等，均確實保障運輸系統之安全可靠。

◆提高工程技術水準

諸如中山高速公路、北迴鐵路、鐵路電氣化、機場、港埠擴建工程等各項重大運輸建設之執行，所用許多新技術與新方法均爲我國首次應用，對於日後營造技術之提高有莫大助益。

◆加強國際運輸競爭能力

海空運等國際運輸建設之推動，建造完善之港埠機場設施，開闢國際航線，擴充海空運輸機具等建設，不但使國人出國旅遊方便，也使得台灣成為亞太地區金融貿易中心，不但加強了國際競爭力，也提高了國際地位。

公路的發展

公路主管機關

我國之公路系統依行政劃分可分為國道、省道、縣道、鄉道及專用道路等五類，各類公路分別有其主管機關。其中，國道由交通部主管，設國道新建工程局負責興建，由高速公路局負責養護及管理；省道及縣道由台灣省政府交通處公路局主管；鄉道及專用公路由各縣市政府及各事業機構負責管理，並由省公路局負責督導。

公路系統現況

台灣地區公路網分為六大系統：

1. 高速公路系統：包括國一線中山高速公路及國一甲線之中正國際機場支線及已通車之北部

第二高速公路之國三線，爲西部運輸走廊主要交通動脈。

2. 環島公路系統：包括台一線及台九線，爲環繞東西部地區主要幹線。

3. 橫貫公路系統：包括台七、台八、台十八、台二十及台二十二線等五線，爲連絡東西部地區間之公路交通孔道。

4. 縱貫公路系統：包括台三線、台十三、台十九、台二十一等四線，爲西部平原輔助幹線。

5. 濱海公路系統：分爲北部濱海、西部濱海、東部濱海、南部濱海，包括台二、台十一、台十五、台十七及台二十四線等五線。

6. 聯絡公路系統：爲輔助性之地方聯絡公路，包括省道38條路線和縣道79條路線。

公路建設現況

◆公路密度與分配現況

台灣地區總面積約三五九八〇平方公里，至民國八十一年底爲止，公路總長度約二〇一〇二公里，公路密度爲0.56公里／平方公里。各類公路中，以鄉道一二五〇五公里所占的比例62％最多，省道四一七七公里占21％次之，再其次爲縣道二六五一公里占13％，國道僅三八二公里占2％。

◆公路長度與面積成長

台灣地區歷年公路長度及面積之成長情形如表1.1所示。民國六十年至八十一年之間，公路總長度約增加四五八五公里，平均年成長率為1.4％；公路面積增加七八二九公頃，平均年成長率為6.4％。其中，民國六十至六十五年公路長度與面積之平均年成長率分別為2％與6％，七十年至七十五年間則分別為3％與7％，屬公路成長較迅速之時期。

民國六十年至七十年為配合經濟發展需要，以改善路面及增建橋樑為主，幾無新闢公路，故民國六十五至七十年公路長度與面積之平均年成長率分別為0.5％及5％；而民國七十五至八十一年則以拓寬公路及改建老舊橋樑為主，故公路長度與面積之平均年成長率也分別只有0.3％及1％。

公路交通需求現況

◆台灣地區歷年車輛成長率分析

台灣地區歷年車輛成長情形如圖1.1所示。民國六十年至八十一年間，各類車輛自一一·二萬輛增加至三八五·二萬輛，平均年成長率約18.4％。其中，民國六十年至六十五年及六十五年至七十年為各類車輛成長較快之兩階段，六十年至六十五年總車輛數之平均年成長率為23％，小客車為25.4％；六十五年至七十年總車輛數平均年成長率為20.5％，小客車則為24.3％。

另外，民國七十五年至八十一年間，小客車數量由一〇四·七萬輛增加至三〇三·四萬輛，平均年成長率為19.4％，總車輛數之平均年成長率則為16.84％，成長亦屬快速。總體而言，歷年來車輛數之成長情形頗為迅速，尤其以小客車之數量增加情形最為明顯。

表 1.1　台灣地區歷年公路長度及面積成長情形

年	公路長度（公里）	年平均成長率（%）	公路面積（公頃）	年平均成長率（%）	備註
60	15517	—	5817	—	—
65	16965	1.86	7554	5.97	60~65年
70	17347	0.45	9530	5.23	65~70年
75	19705	2.72	12769	6.80	70~75年
81	20102	0.34	13646	1.14	75~81年

資料來源：《運輸政策白皮書》，民 84。

圖 1.1　台灣歷年車輛成長情形

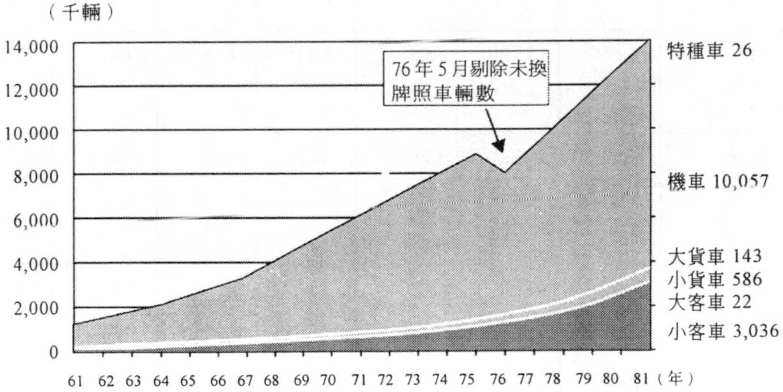

資料來源：《運輸政策白皮書》，民 84。

表 1.2　民國 81 年台灣地區公路汽車客運運輸業運量

類別	台灣汽車客運公司		民營公路客運業者		合計		
	80	81	80	81	80	81	成長率 %
營業里程(公里)	3,659.7	3,659.7	33,790.1	33,969.6	37,449.8	37,629.3	0.48
營業車輛(輛)	2,784	2,748	5,744	5,169	8,528	7,917	-7.16
行車次數(萬次)	432.3	422.6	1,637	1,487.5	2,069.3	1,910.4	-7.69
行車里程(萬車公里)	32,808	31,449	38,628	38,634	71,431	70,083	-1.93
客運人數(萬人)	15,666	15,196	53,333	48,815	68,999	64,011	-7.23
延人公里(百萬人公里)	7,157	6,522	8,796	8,712	16,133	15,234	-5.57
每人平均(運程公里)	45.60	42.90	16.80	17.80	23.38	23.80	1.80
客運收入(百萬元)	7,237.9	6,832.5	9,133.6	9,039.5	16,371.5	15,872.0	-3.05

資料來源：《運輸政策白皮書》，民 84。

◆客運運輸量

民國八十一年台灣地區公路汽車客運運輸業之運量如表1.2所示。除營業里程及每人平均運程較上年稍高外，其他營業車輛、行車次數、行車里程、客運人數、延人公里數及客運收入等都較上年稍微下降，顯示目前公路大衆運輸旅客有受小客車流量增加，造成道路壅塞之影響而減少的現象。

公路運輸分析

吾人比較民國六十年至八十年間公路長度與車輛數增加之情形，可以發現兩者之成長趨勢及速度相當懸殊，如圖1.2所示。公路長度自民國六十年之一·五五萬公里至民國八十年之二·〇一萬公里，僅增加0.3倍，成長極爲有限；但車輛總數卻自民國六十年之一一一·五萬輛增加至八十一年之一三九〇·九萬輛，增加11.5倍之多。

若比較公路面積及車輛總數之平均年成長比例，也可以發現車輛總數成長率遠超過公路面積，如圖1.3所示。民國七十五年至八十一年公路面積平均年成長率僅2.12％，而車輛數量之平均年成長率則爲16.8％，顯示台灣在經濟持續成長之情形下，國民的消費能力增加更爲快速，私人運具的大幅增加迫使公路運輸系統能量相對不足。

圖 1.2　公路長度與車輛總數成長之比較

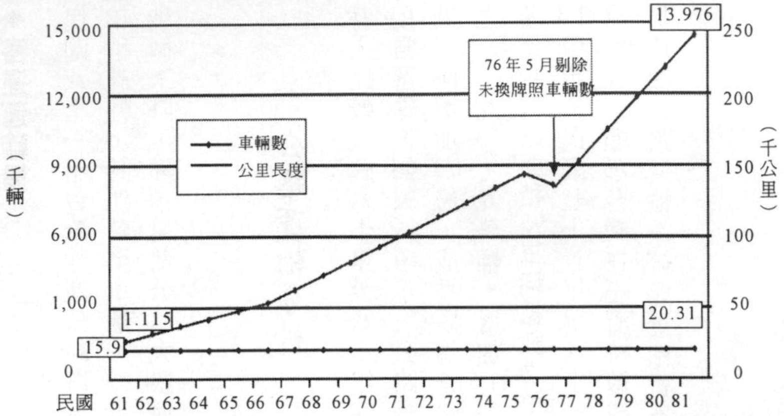

資料來源：《運輸政策白皮書》，民 84。

圖 1.3　公路面積與車輛總數成長之比較

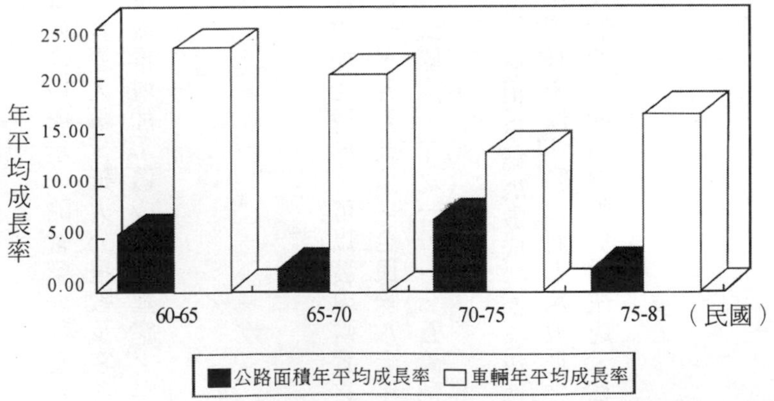

資料來源：《運輸政策白皮書》，民 84。

表 1.3　民國 85 年國內運輸市場概況

八十五年旅客運輸	內陸旅客運輸		國內航空	合計
	鐵路	公路		
人次（千人）	160,057	1,247,269	17,965	1,425,291
百分比	11%	88%	1%	100%
延人公里（千公里）	8,975,192	20,913,513	5,306,451	35,195,156
百分比	26%	59%	15%	100%

資料來源：交通部運輸研究所《運輸資料分析》，第二十期。

國內運輸市場概況

交通事業中，國內運輸市場包括鐵公路客運爲主的內陸運輸，以及國內線之航空客運。根據交通部運輸研究所資料顯示，國內旅客運輸人數於民國八十五年達到十四億二千五百二十九萬一千人次，其中內陸客運人次（含鐵公路）占99％，國內航空僅有1％。在延人公里方面鐵公路合計占85％，其中公路則約占六成。請參閱表1.3。

根據民國八十二年交通部所作的「國建交通建設計畫期中檢討」所作的分析預測，未來區內（20 km以下）及城際客運量成長分析如表1.4。可見國內城際旅次之增加幅度將大幅成長，高過於區內旅次之成長幅度，且路程愈遠的城際旅次成長倍數愈高，顯示國內城際運輸之發展相當具有潛力。

內陸運輸的不同運具之間具有一定的替代性。民國八十一年，內陸運輸客運總延人公里數中（不含小汽車），公路占69.9％、鐵路占24.7％、航空占5.2％、海運占0.1％，歷年各運輸市場的變化如圖1.4所示。

表 1.4　未來區內與城際旅次分析

單位：千人次 / 日

類別		民國80年	民國89年	民國99年	成長倍數	
					80~89年	80~89年
區內旅客（20km以下）		3,593	5,622	6,730	1.56	1.87
城際旅次	20km以上	2,315	3,869	4,892	1.67	2.11
	40km以上	889	1,866	2,967	2.10	3.34
總旅次		5,908	9,491	11,622	1.61	1.97

圖 1.4　歷年運輸市場結構變化

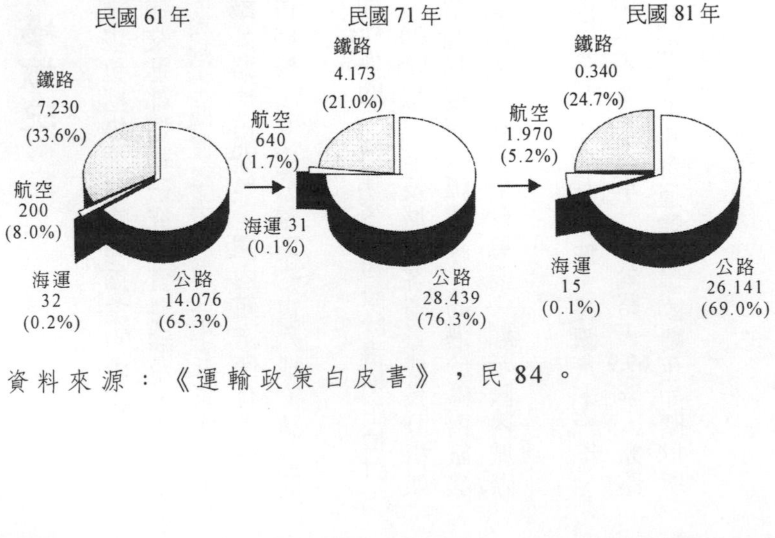

資料來源：《運輸政策白皮書》，民 84。

由歷年來運輸市場結構之演變可以發現，民國六十一年因尚無高速公路，大衆運輸客運係以鐵路爲主；至民國七十一年，因中山高速公路通車，國內大衆運輸客運轉爲以公路爲主；及至民國八十一年，因車輛數高度成長，導致高速公路及主要省道等公路系統產生壅塞，服務水準惡化，鐵路運輸因而有再度復甦之趨勢。此外，因國民所得增加，加上公路壅塞，鐵路容量已飽和等因素，造成國內航空運輸逐漸占有一席之地。在客運方面，國內現有業者四十餘家。地方客運業者多半行駛縣市區域，過去僅有台汽和統聯合法行駛高速公路，但近年來高速公路路權開放，因此目前已有日統、建明、汎航、長航、亞通等加入高速公路路線經營。由於整體客運市場長期衰退，因此公路客運業者約有八成虧損。

由於車站商圈是設置百貨公司與現代零售業者的最佳地點，許多客運業者爲求生存，乃積極與百貨公司、連鎖超市等零售通路業者合作，開發商業區土地。如新竹客運與太平洋SOGO百貨公司合作，將位於新竹火車站對面的車站，開發爲大型百貨公司大樓；桃園客運也將與力霸百貨公司合作，在桃園火車站前興建商業大樓出租營運。

【參考書目】

(一)交通部運輸研究所（1997），《運輸資料分析》，第二十期，台北：交通部運輸研究所。

(二)交通部（1995），《運輸政策白皮書》，台北：交通部。

(三)林鐘雄（1987），《台灣經濟發展四十年》，台北：自立晚報。

(四)程全生（1991），《中華民國交通史》，台北：交通部。

2

台灣汽車客運公司發展歷程

台灣省公路局

組織設立

民國三十四年台灣光復後，政府成立台灣省鐵路管理委員會接管日據時代的鐵道部，但因為當時公路客運的業務量仍少，所以公路客運仍由該委員會管理。民國三十五年八月政府成立台灣省公路局，逐步掌理台灣地區公路建設維護、車輛監理與客運業務。

在公路建設維護方面，光復初期公路建設的重點在於系統復建，以便讓公路系統能量恢復戰前水準，內陸運輸以鐵路為主。民國五〇年代中期之後，由於鐵路運量漸趨飽和，公路運輸的角色日趨吃重，公路建設的急迫性遂日趨殷切。民國六〇年代起，政府投下大量資金進行公路建設，公路客運也隨之大量興起。

在客運方面，光復初期政府衡量當時台灣情勢，社會經濟尚在發展初期，民間尚無能力經營公路客運業務，再加上當時兩岸對峙，基於國防需要，乃暫時由公路局經營台灣省道客運業務。或許是因為這樣的歷史背景，後來的公路局以及台汽都有很強的軍方系統。公路局運輸處以及早期台汽的汽車維修體系也移植自軍方的體系。公路局成立之初，接收原由鐵路管理委員會汽車處所有汽車二百一十三輛、日人經營及台灣合營之汽車一百四十輛、另有其它機關之客貨車三輛，總共接收汽車三百五十多輛，但經整修後僅六十八輛堪用，大部分為日製五十鈴木造車身客車，此為本省第一代客車。

組織概況

公路局於民國三十五年八月成立，隸屬省政府交通處，掌理全省公路運輸與監理行政兩項業務。公路局本部設業務、技術、材料、總務與會計六處，並直轄修車廠及材料總庫，分別掌理營運、機料及車輛四五級保養、材料供應調撥等事宜。此外，在台北、台中、高雄、枋寮、及蘇澳設立五個運務段，各有其轄區並直接負責該區旅客的運輸業務。

民國三十六年技術與材料處合併為機料處；三十九年材料總庫改為材料廠，後再改為材料庫；六十九年修車廠改為機料廠，材料庫併入機料廠。民國六十五年業務處改稱運務處。

花蘇段於民國三十七年遷址宜蘭，次年再遷至蘇澳，改稱蘇澳段。此外，為適應台灣省各城市與各重要鄉鎮之間旅客交通需求，民國三十九年各段編制擴大，改稱區運輸處，包括台北、台中、高雄、枋寮、蘇澳等五區運輸處，各地區之業務，由各主管區運輸處負責經營管理。民國六十九年改稱第一、二、三、四、五運輸處。此外，民國三十七年成立印刷所，民國六十五年改稱票證所，專責辦理各項營運票證表報之印製事宜。

公路局於六十六年與六十九年這個階段的業務十分龐雜，不但負責公路之管理維修，也負責運輸之工作。與這些業務相關的上下游工作，也幾乎都是公路局自行執行。

營運概況

◆營運路線

在營運路線方面，大致可分爲三個階段來說明：

(一)光復初期

民國三十四年十一月光復接收時期，客運營業里程僅有三七四公里，每日行駛一八二一車公里。公路局成立初期，客運營業里程爲八六七公里，每日行駛一〇三二一車公里。但至民國三十六年四月，客運營業里程已達一五四七公里，每日行駛二六一六三車公里。

(二)路線擴展時期

隨著國內經濟日漸發展與公路路線之新增、拓寬與改善，客運需求亦隨之大量增加。公路局配合客觀情勢，逐年增購新車，行駛各線班車，至民國六十八年，營業里程增加至三〇五二公里。

(三)路線開放時期

民國五十八年，政府爲輔導民營客運公司，指示公路局將局部路線以借道或共營方式，交由民營客運公司經營，部分縣道、鄉道則給予專營。民國六十三年，省府再釐訂開放原則，將原由公路局經營之次要路線開放民營。

◆營運業務

公路局的營運業務，可分爲客運業務、附屬業務、聯營聯運與租車營運等四大類。公路局經營客運業務的三十年間，質量並進，對促進台灣經濟發展頗有貢獻：

（一）客運業務

公路局辦理公路旅客運輸，以定線定點定時客運班車爲主要業務，班車分爲普通班車與特別班車兩種。開辦之初，僅有普通班車（含直達車），嗣後旅客需求日增，服務水準亦隨之提高，乃陸續有各種特別班車，假日另有固定加班車及機動加班車之開行。各種班車業務情況如下所述：

1. 普通車－普通車爲短距離之定線定時班車，途經各招呼站及停車站皆需停靠。
2. 直達車－亦爲普通班車之一種，途中僅選擇乘客較多之招呼站停靠，使用普通客車。
3. 金馬號對號快車－於民國四十八年創辦，使用坐臥兩用椅，長途路線派有專門訓練之女性服務員隨車服務，對發展觀光及旅客便利舒適極有貢獻。
4. 金龍號對號快車－於民國五十九年六月創辦，爲配合觀光發展及旅遊需要，行駛台灣各處觀光據點。此爲公路局使用冷氣客車行駛班車的開始。
5. 中興號對號快車－爲配合高速公路通車旅客需要，於民國六十五年八月參加營運。
6. 國光號對號快車－爲適應高速公路通車行駛長途路線所需，於民國六十七年向美國灰狗公司訂購國光號高級客車。中興號與國光號隨即成爲公路局營運主力。

7.包車－以各車種車輛，開放對外包租使用，不論機關團體、私人喜慶、旅行遊覽，可隨時向附近車站洽租。

（二）附屬業務

班車可作附屬利用之業務，以便利行旅及增加營收，公路局之附屬業務含下述三種：

1.行李運送：旅客攜帶行李可自行攜帶，放置於車內行李架。

2.車廂廣告：普通客車車廂內前後及兩側，裝置商業廣告，酌予收費。

3.郵件運送：法令規定運輸業者均有運送郵件之責任，公路局各線班車均接受郵局交運郵件。

（三）聯營聯運業務

1.聯營：公路局與各民營客運公司協議互相延駛班車，以突破營運路程之限制，便利旅客一車直達。

2.聯運：公路局與民營客運公司或鐵路局辦理聯運，使旅客可獲得一票直達之便利。

（四）租車營運

公路局遵照政府政策，前後兩次租用遊覽車參與營運：

1.公路局奉令於民國六十二年三月一日起，接辦省市遊覽車業者六十二家公司所行駛之北高線夜快車，並租用其他遊覽車，租期二年，期滿後奉令續約兩年，嗣又奉令續約一年十個月，至六十七年十二月底期滿。

2.政府本著輔導與取締並重之原則，於民國六十九年七月全面處理大客車出租業違規營業問題。公路局再度奉政府指示，以租車方式作爲對該業之輔導措施，將違規營業遊覽車八〇六輛租用，接替其原始各路線。

租車營運的方式，在台灣汽車客運公司成立之後曾經再次運用，企圖阻絕非法民間業者，繼續壟斷客運業務。但是，這種思考模式與作法卻也種下日後台汽危機的禍根。

◆營運實績

溯自公路局成立，於民國三十五年九月二十六日接管各線客運以來，歷年營運實績，經各方面配合策進，有大幅成長。

公路局隨著客運業務發展，逐年增購新車，爲數頗巨。客車數量自民國三十五年成立之初的一四一輛，至六十八年已達二六二七輛，增加十八倍。原先使用者均爲普通車，民國四十八年起採用坐臥兩用椅金馬號客車，六十三年開始採用裝置冷氣之金龍號，隨後引進之中興號、國光號，無論形式設備、安全性與舒適度，水準日益提高。

表 2.1　台灣省公路局歷年客運業務統計

單位：月平均

年度	營業里程（千公里）	客車輛數	行車次數	行車里程	旅客人數	延人公里
三十六年	1,428.8	229	29,703	612,385.3	1,065,476	15,139,889.1
三十七年	1,214.8	274	35,207	704,566.9	1,017,254	13,878,904.9
三十八年	1,186.6	350	35,435	680,046.2	1,235,600	16,697,425.4
三十九年	1,394.7	346	49,653	923,311.0	1,306,717	17,077,278.3
四十年	1,536.8	381	57,830	1,183,257.2	1,847,102	26,103,997.4
四十一年	1,631.0	432	69,371	1,855,564.5	3,106,459	47,486,518.5
四十二年	1,717.3	489	93,439	2,272,032.9	3,998,743	61,525,623.9
四十三年	1,792.4	531	110,303	2,864,047.2	4,961,759	77,982,925.0
四十四年	1,842.3	588	126,724	3,327,936.1	5,998,762	94,087,120.3
四十五年	1,946.1	562	145,671	3,758,850.4	7,198,929	109,171,900.5
四十六年	1,946.1	709	158,503	4,011,892.8	7,750,755	108,101,128.7
四十七年	2,143.8	808	180,322	4,568,184.0	9,089,564	128,988,346.0
四十八年	2,456.6	906	205,145	5,280,466.7	10,403,115	155,584,109.6
四十九年	2,600.9	968	216,649	5,611,013.7	10,747,625	162,998,779.9
五十年	2,752.0	1,033	230,940	6,082,051.5	11,498,815	172,908,125.4
五十一年	2,898.1	1,084	237,693	6,385,136.0	11,062,321	268,625,951.0
五十二年	3,049.9	1,215	242,047	6,550,918.0	11,501,698	177,429,423.7
五十三年	3,210.1	1,264	261,542	7,255,788.7	14,113,861	215,281,728.3
五十四年	3,255.7	1,327	280,937	7,855,795.9	15,621,321	235,437,075.7
五十五年	3,335.4	1,413	306,422	8,464,555.1	16,935,124	252,701,302.1
五十六年	2,933.0	1,501	326,694	8,992,908.0	17,608,933	258,077,485.0

（接續下頁）

表 2.1　台灣省公路局歷年客運業務統計（續）

單位：月平均

年度	營業里程（千公里）	客車輛數	行車次數	行車里程	旅客人數	延人公里
五十七年	2,931.6	1,558	344,041	9,419,251.3	19,113,436	277,833,254.7
五十八年	2,964.5	1,672	364,322	10,144,991.8	19,465,947	287,220,449.3
五十九年	2,963.0	1,691	358,929	10,404,909.4	19,859,126	301,923,188.8
六十年	2,973.5	1,849	373,731	11,382,403.9	21,638,730	327,170,477.7
六十一年	3,042.5	1,890	399,168	12,150,093.1	23,797,397	361,344,255.9
六十二年	3,138.2	1,901	395,711	12,560,417.4	25,746,009	416,615,755.6
六十三年	3,142.3	2,039	407,032	13,275,908.0	27,782,273	464,809,153.9
六十四年	3,129.1	2,165	429,201	14,510,921.5	27,873,749	479,911,160.0
六十五年	3,109.0	2,385	453,577	16,126,909.8	29,129,539	527,627,468.6
六十六年	3,142.5	2,513	455,826	17,944,075.7	28,488,322	572,829,751.7
六十七年	3,063.5	2,572	464,199	19,296,228.5	29,125,145	627,083,067.0
六十八年	3,052.3	2,627	468,072	21,278,299.1	29,656,648	719,196,811.3

資料來源：程全生（民 80），《中華民國交通史》，交通部。

營運管理

公路局之營運管理，可以概分爲站務管理、行車管理、人員管理與獎勵制度等項：

◆站務管理

公路局車站管理主要項目有如下六點：

1. 人員管理—車站及行車工作人員少則數十人，多則數百人，所有人員之任免，由局或運輸處依權責分層辦理，日常工作之分派，則由站長或授權人員負責。
2. 事務管理—包括站屋車輛及設備之保管、清潔維護，公文表報之處理保管，旅客遺失物、交運行李等。
3. 營收票務管理—包括票證之保管、交換手續、隨車或窗口售票之查驗考核、績效統計等。
4. 車輛調度—適應行旅需要機動加班，行車班次調整、建議之處理，行車人員之調度管理考核，行車保安預防措施等。
5. 行車照料—與調度人員的聯繫、班次之正常或做必要的加班、站車設備與整潔的檢查等。
6. 旅客服務—包括站車人員服務態度、服務方法之監督指導考核，服務設施維持及更新，以及旅客查詢及意見反映之處理等。

◆行車管理

行車管理工作，一部分包含於前述之站務管理，一部分屬於公路局或所屬運輸處有關單位，後者如營運路線規劃、車輛之分配調整、行車時刻表之編排、行車事項之督導考核等。

◆人員管理

人員管理部分屬於站務管理工作，其餘如站車人員之分配調整、管理、訓練、考核等，公路局訂有「駕駛員管理辦法」、「隨車服務員售票管理辦法」，以及站務人員、稽核人員、駕駛員、隨車服務員、隨車售票員等五種人員服務守則，藉以增進服務效果。

同時，為提升服務水準，公路局也辦理各式人員訓練。自民國四十一年起，設立站務人員訓練班，分年分期調訓新進及在職人員；駕駛員訓練分職前與在職訓練，前者由各區運輸處辦理，後者由北中南汽車技術人員訓練中心辦理；隨車服務員與隨車售票員，均統一由各區運輸處辦理，以建立服務觀念，改進服務態度與技能。

◆獎勵制度

公路局配合業務迅速發展，實施獎金制度。最先實施的效率獎金，其金額超出本薪百分之三十。以後陸續訂有「站務員工工作超時加給辦法」、「行車人員里程獎金支給辦法」、「員工工作獎金辦法」，對站務營運人員鼓舞甚大。

◆服務措施

相關之服務措施主要爲改善車站設備與便利行旅兩項：

1. 改善車站設備－公路局所設車站，接收初期僅有十八站，歷年來不斷新建、擴建、改建，至民國六十九年已有六十一個車站，站內設備亦日趨改善；營運路線停車站，逐年增設候車亭。此外，客運車輛與各站零星設備，歷年均有顯明改善。

2. 便利行旅－所謂便利行旅之措施，包括增闢營運路線及增駛直達班車、發展聯營與聯運班車、改善購票措施、發售折扣優待票、重視旅客意見與改進隨車服務等。

機料管理

◆管理機構

公路局機料管理機構迭經演變，至民國六十九年局內設機料處，局外設機料廠，各區運輸處設保養場及檢修班。機料廠承辦汽車四五級保養、修造車身、引擎大修、配件再生、修護器材之儲存保管，及廢棄料集中處理等事項。保養場班分設於各區運輸處營運區內各樞紐地點，辦理各區運輸處車輛一二三級保養。基本上，這一套保養維修系統的作法與軍中的後勤保養系統類似。

◆重要措施

(一)實施車輛分級保養制度

公路局成立之初並無保養制度，僅做臨時必要之修理。後來爲達到保障行車安全、增加行車效率、減低行車成本、延長車輛壽命之目的，自民國四十一年一月起採行預防保養政策，實施「車輛分級保養制度」，收效甚大。民國四十六年間復研訂「車輛保養標準工作程序」配合實施，車輛保養工作更有進步。

(二)車身製造之改進

公路局客車車身內各種設備，歷年均按美觀、舒適及經濟之原則，不斷研究改進。公路局成立之初，客車車身係採用木材製造，使用壽命短暫。民國四十年，公路局著手改製鋼鐵骨架車身，車廂改用國產鋁皮，地板改用鋁板。民國四十四年，進而設計創造平頭式客車。

爲適應長途行旅需要，民國四十八年更進一步打造金馬號客車，車身設備力求改進。民國六十五年起打造中興號客車，更有冷暖氣裝置。

(三)車輛採購、淘汰之處理

爲因應業務成長及汰舊換新，公路局每年均須添購大量新車。民國六十七年十二月，公路局訂定購車原則及配量評分決標辦法，以品質與價格作爲決標依據；另訂有車輛汰舊標準辦法、車輛汰舊處理原則等，以利汰舊換新之進行。

（四）材料管理與儲備補充

公路運輸部門之材料，主要包括配件、油料、車胎三項。在車輛配件方面，訂有「車輛配件材料購辦與補充原則辦法」管理之；油料部分，包括高級汽油、普通柴油及高級柴油，均係向中國石油公司購買；車胎除在民國四十九年至六十五年間，向國內南港及泰豐兩公司購買外，其餘時間皆向國外進口。

（五）營業客車保養競賽辦法

為使營業客車保持整潔與最高行駛效率，於民國四十二年度起，訂定「營業客車保養競賽辦法」，每年定期實地視察，以五個運輸處為競賽單位，分別獎懲。

（六）舉辦員工技術訓練

自民國四十三年四月起，委託交通部公路總局汽車技術員工訓練班辦理員工技術訓練。民國五十一年七月該訓練班由公路局接管，改為訓練中心，調訓公路局技術人員、駕駛員、技工、藝徒等，包括職前訓練與在職訓練。對於增進員工修車技術、保養方法、新車種新機具之使用，效果良好。

台灣汽車客運公司

公司設立

民國六十九年八月十五日，台灣汽車客運公司奉行政院核定，依公路法第三十八條之規定，承接台灣省公路局原有之運輸業務。台汽公司章程規定，公司經營業務包括：

1. 普通汽車客運。
2. 特種汽車客運。
3. 其他有關業務之投資與經營。經台灣省政府核定自民國六十九年十月一日，接管原公路局客運業務及營運路線，開始營運。

台汽公司目前資本總額為新台幣一百零三億三千二百三十萬元，分為十億三千三百二十三萬股，每股新台幣十元，分五次發行。第一次發行十億元，由台灣省政府認股九億九千九百三十萬元，其餘七十萬元分別由台灣銀行、華南商業銀行、第一商業銀行、台灣中小企業銀行、唐榮公司及農工企業公司等七個機構各認股十萬元；第二次台灣省政府認股十二億元，第三次台灣省政府認股十八億元，第四次台灣省政府認股十三億三千二百三十萬元，第五次台灣省政府認股五十億元。

組織概況

台汽公司組織結構，依公路法第一百九十二條之規定，設董事會為決策機構，置董事十一人，並由董事選任常務董事三人，由常務董事互選董事長一人，並置監察人三人，負責查核；公司置總經理一人，秉承董事會之決議，綜理公司業務，置副總經理二人輔佐之，並置主任秘書一人，下轄企管中心、業務處、機料處、行政室、會計室與人事室。台汽公司組織至八十四年底如圖2.1所示。

台汽公司組織結構從民國六十九年成立以來，一直維持此一組織架構。至民國八十四年七月一日始裁撤票證所，八十四年十月一日再裁撤機料廠。到了民國八十五年，台汽進行急速變革，組織結構也有激烈的變化。在組織變革與精簡的原則下，將組織層級扁平化，裁撤五個運輸處，原三級制組織改為二級制運作。

營業概況

民國六十九年台汽公司接手公路局客運業務時，營業里程為三一一〇公里，而隨著社會經濟的發展，歷年營業路線迭有增加，至民國八十三年底，到達高峰的三六七一公里。

台汽公司成立之初，隨著社會經濟進步與整體公路客運需求之成長，營業實績不斷成長。但後來因違規遊覽車非法攬客日漸猖獗，自用小客車也逐年大幅成長，鐵路局、民營客運公司並駛路線競爭，部分短程路線開放民營，以及國定假日高速公路部分路段日漸堵塞等種種因素影響，營業實績遂自民國七十五年起呈現逐年減少之趨勢。在這個階段，台汽沒有注意到市場的變化，對於業務發展過於樂觀，以至於人事膨脹過速，造成日後重大的財務負擔。

客運人數由民國六十九年的三億二千二百〇二萬五千九百六十二人，下降到八十四年的一億〇七百九十四萬八千九百九十人，減幅達66%；延人公里數由於高速公路的完工，長途旅運需求大增，因此在民國七十一年、七十二年左右達於高峰，最高達一百二十億人公里，而後逐年遞減，至八十四年延人公里數為四十五億一千三百〇九萬二千八百二十人公里；同時，客運收入也在民國七十四

圖 2.1　台汽公司組織圖（民國 69 年至民國 84 年）

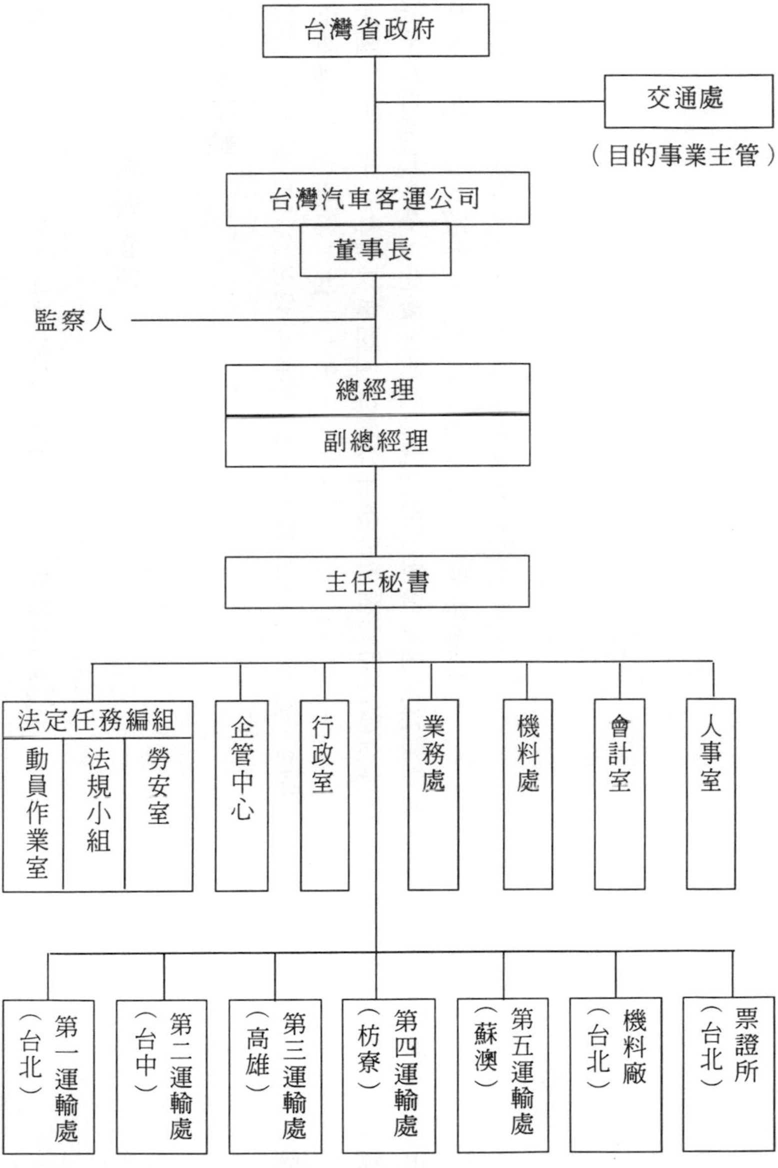

資料來源：台灣汽車客運股份有限公司。

年達到99億元高峰之後，逐年遞減，到民國八十四年，大幅降低為六十億元。台汽公司民國六十九年至八十四年客運人數、延人公里、客運收入資料參見表2.2。

機料管理

◆營業車輛

民國六十九年台汽公司成立之初，營業車輛有三八二九輛，包含自有二八六〇輛，租用八百輛，主要的車種為普通車的一九一一輛。

民國七十一年、七十二年間，台汽公司奉令租斷當時之違規遊覽車約五百六十輛，營業車輛維持在三千八百輛的水準。此後，雖然台汽公司不斷增添國光號與中興號客車，可是租斷之遊覽車也逐年快速淘汰，至民國七十三年後，營業車輛即開始遞減。

民國六十九年至八十六年台汽車輛數如表2.3所示。

表 2.2 台汽公司歷年客運概況

年度	營業公里數	客運人數	延人公里	客運收入(元)
六十九年	3,109.9	322,025,962.0	9,733,851,068.0	6,220,641,494.0
七十年	3,592.9	306,533,049.0	11,999,355,869.0	9,099,989,162.0
七十一年	3,184.8	301,669,830.0	12,054,209,869.0	9,306,086,057.0
七十二年	3,239.4	286,102,879.0	11,467,476,917.0	8,853,664,228.0
七十三年	3,277.2	287,707,210.0	11,708,159,965.0	9,874,034,810.0
七十四年	3,347.7	271,445,894.0	11,304,261,662.0	9,992,722,182.0
七十五年	3,476.0	261,620,262.0	10,776,428,570.0	9,205,931,888.0
七十六年	3,501.6	239,756,390.0	10,084,287,747.0	8,564,906,355.0
七十七年	3,626.9	208,610,680.0	8,710,397,333.0	7,552,878,220.0
七十八年	3,646.5	183,585,440.0	7,939,725,544.0	7,062,071,690.0
七十九年	3,648.5	168,587,929.0	7,955,858,314.0	7,445,191,428.0
八十年	3,659.7	156,658,746.0	7,149,723,892.0	7,237,923,563.0
八十一年	3,659.7	151,956,389.0	6,521,911,029.0	6,832,540,082.0
八十二年	3,664.5	134,293,377.0	5,704,247,818.0	6,484,843,858.0
八十三年	3,670.7	120,124,535.0	5,045,990,858.0	6,451,445,885.0
八十四年	3,500.6	107,948,990.0	4,513,092,820.0	6,080,420,389.0
八十五年	3,468.4	92,909,715.0	4,068,023,792.0	5,543,158,776.0
八十六年	3,468.4	65,301,946.0	3,197,090,577.0	4,272,676,679.0

資料來源：《台汽客運統計年報》，第十期（86年）。

表 2.3　台汽歷年車輛數一覽表　　單位：輛

年度	車輛數			
	總計	自有	租用租斷	非營業車輛
六十九年	3,829	2,860	800	169
七十年	3,862	2,895	792	175
七十一年	3,752	2,782	780	190
七十二年	3,798	3,040	565	193
七十三年	3,822	3,063	566	193
七十四年	3,755	2,996	565	194
七十五年	3,707	2,955	565	187
七十六年	3,491	2,751	556	184
七十七年	3,503	2,788	520	195
七十八年	3,627	3,004	431	192
七十九年	3,255	2,929	139	187
八十年	3,128	2,862	81	185
八十一年	3,213	2,991	43	179
八十二年	2,953	2,769	4	180
八十三年	2,807	2,625	4	178
八十四年	2,713	2,520	1	192
八十五年	2,524	2,347	—	177
八十六年	1,722	1,630	—	92

資料來源：《台汽客運統計年報》，第十期（86年）。

◆機務保養

民國八十五年組織結構變革之前，車輛保修單位爲保養場，底下有檢修組，兩者皆隸屬於機料處。歷年保修單位的編制，大致維持保養場14個，檢修組約40個的規模。

營運客車依照車輛行駛里程進行保養。其中，國光號實施ABCDEFG級保養，中興號與普通車實施一、二、三級保養及客車整修，分別由全省各地區之保養廠及檢修組進行維修工作。

民國六十九年至八十六年保養廠、檢修組資料如表2.4所示。

中興號通過大客車傾斜測試。

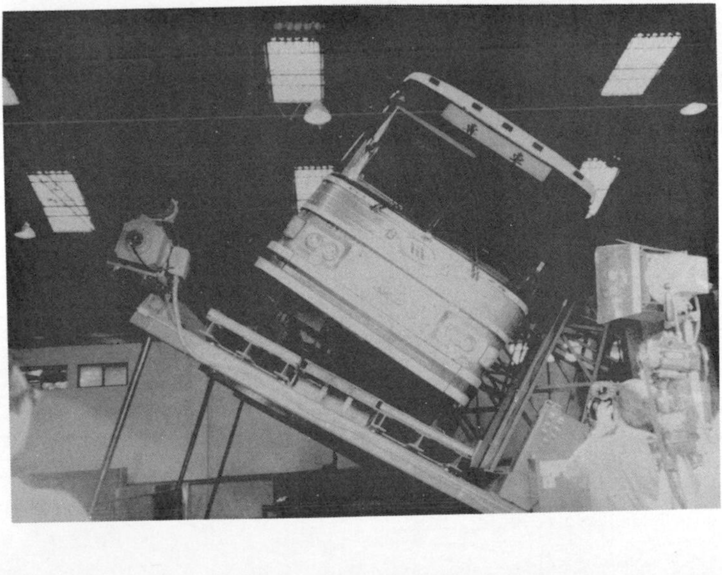

表 2.4　台汽歷年保養場與檢修組一覽表

單位：個

年度	六十九年	七十年	七十一年	七十二年	七十三年	七十四年	七十五年	七十六年	七十七年	七十八年	七十九年	八十年	八十一年	八十二年	八十三年	八十四年	八十五年	八十六年
保養場	14	14	14	14	14	15	15	14	14	14	14	14	14	14	14	13	6	0
檢修組	39	39	39	39	39	39	39	40	41	41	41	41	41	41	39	6	20	18

資料來源：《台汽客運統計年報》，第十期（86年）。

表 2.5　台汽歷年資產負債表

單位：百萬元

年度	資產	負債	業主權益
七十年	6,976	4,153	2,822
七十一年	7,740	4,847	2,893
七十二年	8,682	5,752	2,929
七十三年	10,515	6,173	4,342
七十四年	11,759	6,755	5,004
七十五年	11,021	5,602	5,419
七十六年	10,974	5,493	5,481
七十七年	11,393	6,094	5,298
七十八年	13,245	6,874	6,371
七十九年	15,980	12,567	3,413
八十年	23,933	15,809	8,124
八十一年	18,556	14,512	4,043
八十二年	20,115	18,546	1,568
八十三年	21,277	18,035	3,242
八十四年	30,093	29,224	869
八十五年	37,027	36,999	28
八十六年	37,600	36,413	1,187
八十七年	40,393	38,590	1,803

資料來源：《台汽客運統計年報》，第十期（86年）。

財務概況

◆資產與負債

台汽公司八十六會計年度決算資產總額三百七十六億〇八十八萬元，其中流動資產四十億一千七百七十六萬元占資產總額之10.7%，固定資產二百五十四億八千五百一十七萬元占67.7%，遞延借項八十億六千九百七十一萬元占21.46%，其他資產二千八百二十三萬元占0.07%；負債方面總額爲三百六十四億一千三百八十八萬元占資產總額之96.84%，其中流動負債二百三十九億九千〇七十九萬元占資產總額63.8%，長期負債一百二十二億一千七百〇六萬元占32.49%，其他負債二億六百〇三萬元占0.55%；業主權益十一億八千七百萬元占資產總額3.16%。

◆收入與支出

台汽歷年資產負債表以及歷年營業收支表可參見表2.5及表2.6。台汽的總收入可分爲營業收入與營業外收入，營業收入部分歷年增長有限，運輸收入則因爲客運市場的萎縮，逐年減少，由民國七十四年最高的一百億元，下降到八十四年的六十三億，其他營業收入則因爲公司發展相關多角業務的關係，呈現歷年增長的現象；而營業外收入部分，歷年公司或因整理出售資產、或因應急而增資等因素，因之占總收入比例逐年增加，民國八十四年營業外收入甚至占營業收入的一半以上。

表2.5及表2.6分別是台汽歷年資產負債表以及歷年營業收支表。在總支出方面分爲營業支出與營

表 2.6　台汽歷年營業收支

單位：百萬元

	收入			支出		
年度	總計	營業收入	營業外收入	總計	營業支出	營業外支出
七十年	6,367	6,359	8	5,650	5,546	104
七十一年	9,372	9,322	50	8,821	8,556	264
七十二年	9,080	9,058	21	8,562	8,288	273
七十三年	9,247	9,225	21	8,986	8,647	338
七十四年	10,181	10,155	26	9,827	9,365	462
七十五年	9,814	9,769	44	9,792	9,415	377
七十六年	8,998	8,951	47	8,971	8,669	302
七十七年	8,064	8,020	44	8,896	8,637	258
七十八年	7,602	7,348	254	9,024	8,325	698
七十九年	7,255	7,135	120	10,198	9,105	1,093
八十年	14,397	7,519	6,877	11,176	10,078	1,098
八十一年	7,459	7,012	447	11,370	10,439	930
八十二年	7,152	6,749	403	12,580	10,921	1,658
八十三年	6,949	6,457	492	11,310	9,799	1,511
八十四年	9,921	6,423	3,498	13,068	11,478	1,590
八十五年	10,112	5,998	4,114	11,296	9,527	1,768
八十六年	8,596	4,994	3,601	8,874	7,299	1,574
八十七年	8,448	4,040	4,408	8,646	5,942	2,704

資料來源：《台汽客運統計年報》，第十期（民 86）。

業外支出，營業支出部分，歷年大致維持一個平均水準，而營業外支出部分，則呈較大幅度的增加。

◆各項費用

在公司的各項費用支出方面，其中以人事費用的支出爲最大宗，再者由於公司的龐大債務因素，因此每年的利息負擔亦占有不小的比例。

人事概況

台汽公司的人力資源分爲職員與職工兩種，職員的部分包括簡薦委人員、交通資位人員、約聘僱人員，職工部分分爲交通資位人員與無資位人員兩種。

台汽公司成立之初，一方面當時客運市場蓬勃發展，另方面配合政府的租車政策，台汽公司不斷進用新人。至民國七十四年，台汽公司員工人數高達一萬五千八百六十人。

然而，隨著營業額的下降，龐大的人事費用支出乃成爲公司的一大負擔。因此，台汽於民國八十年初，便開始進行遇缺不補的人事精簡措施，爾後，由於營業額一路下降，公司人事精簡的行動更爲積極。民國六十九年至八十四年員工人數的演變如表2.7所示。

表 2.7　台汽歷年員工人數演變

年度	人數總計	職員	職工		
		合計	合計	業務類	技術類
六十九年	13,923	1,246	12,677	—	—
七十年	14,242	1,245	12,997	6,332	6,665
七十一年	14,866	1,260	13,606	6,408	7,198
七十二年	15,544	1,372	14,172	6,383	7,789
七十三年	15,481	1,288	14,193	7,790	6,403
七十四年	15,745	1,313	14,432	8,837	5,595
七十五年	15,307	1,276	14,031	8,598	5,433
七十六年	14,412	1,245	13,167	9,108	4,059
七十七年	14,187	1,175	13,012	8,621	4,391
七十八年	13,607	1,092	12,515	5,516	6,999
七十九年	12,805	1,017	11,788	4,224	7,564
八十年	12,374	960	11,414	4,231	7,183
八十一年	11,152	872	10,280	3,553	6,727
八十二年	9,897	878	9,019	1,681	7,338
八十三年	8,327	801	7,526	985	6,541
八十四年	7,725	796	6,929	813	6,116
八十五年	7,132	731	6,401	744	5,657
八十六年	4,644	604	4,040	907	3,133
八十七年	4,567	586	3,981	902	3,079

資料來源：《台汽客運統計年報》，第十期（民 86）。

【參考書目】

㈠台灣汽車客運股份有限公司（1997），《台汽客運統計年報》，頁13-29，31-37，277-279，322-327，331-339。

㈡程全生（1991），《中華民國交通史》，台北：交通部。

落實車輛維修保養，維護行車安全。

3

公共政策與台汽轉換點

公共政策對公營事業的影響

公營事業起始時，不採民營形式，而採公營形式，自然有其歷史與環境因素。其中最重要的因素之一則爲市場失靈，亦即市場機制無法有效地增進社會福祉。另一個重要因素則爲促進經濟發展之理論與意識。姑且不論市場失靈與經濟發展理論之說法是否正確，公營事業成立之初，就背負著一些非市場性之任務，例如國家經濟政策之需求、社會正義、照顧貧困等任務之達成等。簡言之，私有企業重視效率 (efficiency)，公家機構重視正義 (fairness)。兩者重點不同，行事與管理風格也會有所差異。換言之，公營事業除營運任務之外，也肩負政策性任務。因此，吾人在理解公營事業之效率時，不宜一味以市場效率評價之。

事實上，公營事業效率之不彰，與其肩負公共政策責任有莫大的關係。當公營事業在負擔公共政策責任，導致組織效率之喪失後，我們卻又以市場效率評估之，對公營事業員工似乎亦有欠公允。因此，探討公營事業之種種問題，宜對公營事業成立之歷史背景以及所曾負擔之公共政策責任，加以釐清探討。台汽公司爲一大衆運輸公司，因此，本章在討論公營事業以及台汽之歷史背景之外，將就交通政策出發，探討交通相關政策對台汽之影響。

公營事業設立的歷史背景與意識形態

歷史背景

台灣曾被日本統治達半世紀之久，為配合「農業台灣、工業日本」的政策，日本在台灣所進行的主要是農業的開發，工業進展十分緩慢，且工業發展多為與農業有關的食品加工業。直到民國二十六年中日戰爭開始後，日本為配合戰爭需要，才開始進行較大規模的工業建設。在日本統治期間，島上稍具規模的事業，如運輸、通訊、工業、商業等，都掌握在殖民政府或是日本人民的手中；而台灣人民所從事的經濟活動範圍，則限於小規模之農業、工業、商業。

二次戰後，國民政府接收台灣時，日本遺留在台灣的事業，即使在戰爭期間未遭受到嚴重的破壞，也因日籍經營人員和技術人員被遣返回日本，使其生產活動陷於停滯狀態。若由民間接收這些事業繼續生產，則會面臨到不少的困境，缺乏資金是其一，其他還缺乏的則是經營這些產業所需的相關知識及技術。若是由政府接收這些產業，則不論是在資金籌措，或是由大陸召募技術及經理人員，都會較為容易。國民政府在台灣光復後，即根據敵產處理條例，將所有日本政府與人民的事業接收與管理，使得公營事業在台灣光復初期即占有極大的比重。

另外，由民國三十六年到民國三十八年間，大陸正處於內亂時期，直到最後國民政府搬遷來台，許多原來在大陸經營的公營事業及政府的物資器材，都隨著遷移來台灣，在台灣再行復業，或是另組公營事業。這兩者形成了台灣在光復初期，公營事業占極大比例的原因。

若以資本主義發展的歷程來看，現今工業發達國家，除了英國以外，在由農業社會發展至工業社會的歷程中，爲求資本的累積和工業的發展，政府都積極介入。越晚起步的國家，政府在工業化過程中所扮演的角色也越重要。台灣在日本統治時期，日本側重的是台灣的農產品，如稻米和糖；整體來說，台灣到光復之時，仍屬於農業社會。所以，在台灣要由農業社會發展爲工業社會的過程中，不免會有政府的介入；而政府介入的最簡單的方法，就是就直接投資於需要龐大資金的產業之上，即台灣在民國五十年後所增加的公營事業。可見，台灣公營事業的發達有其歷史背景。隨著時代的轉變，民間企業的興起與發達，過去民間無力承擔經營的事業已經逐漸減少。但是，民間企業如何介入原有的公有領域，卻與政府公共政策有莫大之關係。

◆社會主義

十八世紀中幾個大規模的事件，挑戰與顛覆傳統的經濟與政治秩序，這些事件分別是：西元一七六九年英國的產業革命、一七七六年美國獨立運動、一七八九年法國大革命。這三者主要是受到自由主義的影響。自由主義勾劃出的經濟與政治秩序，即是在政治上求民主，經濟生活則要落實市場法則。在自由主義對於個人的尊重，以及在經濟利益的追求下，發展出資本主義的經濟生活型態。資本主義的經濟體系，是由自由市場中相互競爭的私有企業所構成，追求經濟效率的體現。

及至十八世紀末，歐洲先進的工業化國家，如：英國、法國、德國，開始發展出社會主義，其興起可視爲是對工業化和資本主義的反動；社會主義認爲由於製造出的任何財貨都是由整個社會投入勞力的結果，不可以視爲是個人的財產，而應由整個社會的成員共同均享。社會主義所要強調的重點有：

1. 財產與勞力 (property and labor)，財產的獲得與勞力的付出應成正比。
2. 平等與正義 (equality and justice) 的追求。
3. 合作與團體 (Co-operation and fraternity)，以合作替代競爭，以利世主義替代自私自利。
4. 社會民主 (social democracy)，政治與經濟平等並重，要同時達到政治的形式平等與經濟的實質平等。

至於孫中山先生所提倡的民生主義，其內容與精神則是源自社會主義的主張。民生主義的觀點，對於公營事業的屬性、所占比例，也有很大的影響，憲法制訂時相關條文即基於民生主義而來。民生主義主要的精神即平均地權、節制私人資本與發達國家資本，並主張應採個人企業與國家經營的雙軌開發路線，將具有獨占性質的事業委由國家開發。在憲法第一百四十二條中規定：「國民經濟以民生主義爲基本原則，實施平均地權、節制資本，以謀國計民生之均足」；憲法第一百四十四條：「公用事業及其他有獨占性之企業，以公營爲原則，其經法律許可者，得由國民經營之」。另外，在民國三十八年一月二十日公布的國營事業管理法第二條，亦規定「國營事業以發展國家資本，促進經濟建設，便利人民生活爲目的。」作爲社會主義分支的民生主義，以及依據民生主義精神訂定的憲法條文及相關法規，即爲過去的公營事業政策的依據。

自由主義與社會主義互動關係如圖3.1所示：

圖 3.1 自由主義與社會主義的互動關係

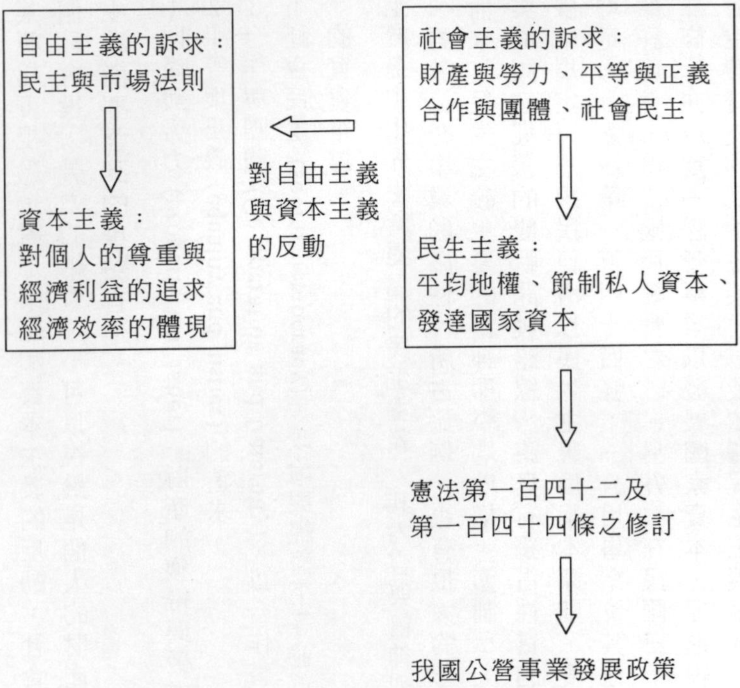

公營事業與國家經濟發展

許多國家在資本發展的初期，經常會使用國家資本來發展經濟與工業，以凝聚更多的資本，因此容易發展爲國營企業。至於台灣光復初期，公營事業即占有極大比例的原因，一是來自於歷史背景；二是來自於經濟發展思潮的影響。民生主義所謂「節制私人資本，發達國家資本」就是這個意思。

圖 3.2　公營事業設立的歷史背景與理論基礎

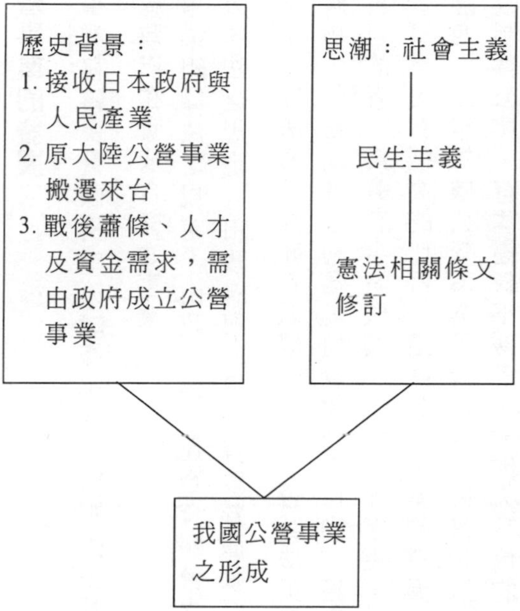

◆公營事業的發展

公營事業移轉民營條例中第二條規定，所謂的公營事業是指：

1. 各級政府獨資或合營之事業。
2. 依事業組織法之規定，由政府與人民合資經營之事業。
3. 依公司法之規定，由政府與人民合資經營而政府資本超過百分之五十之事業。

國營事業管理法第三條亦有類似的規定。會計法第四條第二項則規定，凡政府所屬機關，專為供給財物、勞務或其他利益，而以營利為目的，獲取相當之代價者，為公有營業機關，而不以營利為目的者，為公有事業機關。台灣在光復後，由於歷史背景與思潮的影響，公營事業相對於民營事業占有極高的比例，這些公營事業的發展，除了台泥、台紙、工礦、農林四大公司，在民國四十二年依據公營事業民營化條例民營化以外；其他的公營事業或者有名稱上的更動，或者改制為公司，有些經營不善者，則併入其他的國營事業中。當然還有一些公營事業是在台灣經濟與工業發展的歷程中，為因應經濟環境需要而設立，如：中油及中台化工；及七〇年代為穩定外交劣勢及石油危機，成立的中國鋼鐵公司及中國造船公司。

一般西方學者在探討公營事業 (public enterprises) 時，多是以公用事業 (public utilities) 為探討對象，如：電訊、運輸、電力、自來水等。這些事業未必屬於公有，而是法律高度規範的事業，因此，西方的私有化或民營化，有很大一部分強調的是法規鬆綁 (deregulation)，與我國公營事業之狀況相當不同。台灣地區公營事業不止包括公用事業，也包括部分非公用事業。主要可以分爲九大類：

1. 農業及漁牧業。
2. 礦業。
3. 製造業。
4. 營造業。
5. 電力、瓦斯、自來水等事業。
6. 運輸及倉儲事業。
7. 銀行、保險及房地產業。
8. 批發零售業及招待所。
9. 醫療機構及社會服務事業。

台灣地區的公營事業可說是遍佈於各種業別中，若再將一些公營事業轉投資的事業，或者所從事的多角化經營的副業計入，將會發現我國公營事業的規模實在極爲龐大，僅次於一些（前）社會主義國家。

◆公營事業扮演的角色與經營效率

近年來，對於公營事業的批評，主要都集中在公營事業經營效率不佳之上。不過，在批評公營事業經營績效不佳之際，有必要先回頭看看公營事業究竟在台灣的經濟發展歷程中扮演的角色爲何，以瞭解公營事業經營效率不佳原因何在。

學者與研究人員對於公營事業在台灣早期的經濟發展歷程中，所扮演的角色，有不同的詮釋方式。有的學者著重於公營事業對經濟發展的貢獻；認為在政府資本投注，及公營事業遍及各業界的情況下，公營事業對於戰後產業與經濟的重建，與工業化發展，有著不可忽視的功勞。另外有學者認為，公營事業擔負著產業發展、對政策的支持、充足國庫收入等責任；公營事業所要負擔的產業或是政策任務，則包括有提供民生物品的穩定供應、穩定物價、平衡地區發展、扶植中下游產業等。

經濟學家 Jones 和 Mason 認為有四個可能的因素促成公營事業在開發中國家的存在與發展：

1. 承襲歷史的因素。
2. 取得或鞏固政治和經濟權力。
3. 政府針對經濟發展過程中問題所作的實際反應。
4. 意識形態。

其中以第三項為最主要的原因，雖然公營事業的成本在於效率較低及可能造成資源分配的扭曲；但在開發中國家的公營事業卻有可能會有效益高於成本的情況，公營事業最大的效益在於，公營事業可以做到自由市場做不到的事，或是可以修正市場的趨勢，使經濟發展方向和速度，可以符合決策者心目中的理想。

上述的看法可以用下列的觀點加以整合：即公營事業的基本經營本質，是要動員與支配不同層面的社會資源，使資源的配置型態可以滿足國家當時的政策目標需求，並配合國家政策所定出的發展方向。所以過去公營事業一方面配合國家政策在不同領域發展與擴張，同時也由公權力保障其地位，使其在不同的領域可以居於壟斷的地位。

公營事業的貢獻，在經濟層面是帶動了經濟與工業化的發展，配合國家政策；在政治層面，公營事業的許多管理階層的空缺，則可以作爲政治酬庸的標的。由此可以看出公營事業在威權時代，在不同的產業別中都是處於壟斷的地位；例如：在路權開放之前，能夠經營高速公路客運業的就只有台汽公司。但是台灣在經濟發展的過程中，民間不斷地在累積財富，伴隨著民間財富的累積，則是民間在政治與經濟領域上參與能力及意願的提升。公營事業乃至於黨營事業面臨民間之壓力，乃有全面民營化之要求。

民間在經濟層面上參與的能力與意願提高，加上反對勢力的質疑，以及自從民國七十六年以來，公營事業員工爭取權益的工會活動；使得公營事業開始失去過去經營的優勢地位，開始面對與民間企業的競爭，及與員工之間的勞資糾紛。民國七十八年政府解嚴之後，過去以行政命令架構出來的產業秩序，以及公營事業的行政管理體系，面臨嚴重挑戰必需加以調整。過去公營事業的定位爲準公務機關，營運與管理制度的設計，測重於防弊與達成產業任務，不適於與民間企業共同競爭；解嚴之前以行政命令或特別法保護的營運模式及營運範圍，也無法阻擋解嚴後社會要求開放市場的壓力。

台灣的公營事業在民國四〇年代初期，其占全國總投資水平的比例高達43％以上，但是生產水平比重則僅17％；到了民國七〇年代中期，公營事業在全國總投資的比例降到26％，但是生產水平比重則降到15％。顯示出投入與產出有著極大的差距，也顯出公營事業經營缺乏效率。公營事業無法擺脫的負累，外在因素有：公營事業必須要配合國家政策，同時也受到法規的束縛，以及行政或立法機關的監督或干預；部分公營事業主管的派任是基於政治考量，並非專業人才；對重大投資計畫的審核及執行考核不力，致公營事業投資不當或設備利用率低。加上公營事業內部管理不當，如：對預算控制、財務管理缺乏效率等。這些因素都是造成公營事業經營績效不佳的原因。這些都是民營企業不必面對的問題。

所以，可以想見的是，公營事業與民營事業相互競爭時，就經營績效而言，公營事業必定是處於劣勢，其經營績效必然要低於民間企業；而學者所作的相關研究數據，亦支持這項推論。雖然，公營事業與民營事業的經營績效比較，是完全立於不同的基礎進行的，前者需配合國家政策、受法令約束、面對行政及立法機關的監督與干預、立於壟斷或寡占地位；後者則否，且經營手法較有彈性。但是公營事業經營上缺乏效率，卻是不爭的事實，同時也成為支持公營事業民營化政策者，所提出的極為有力的理由。若將公營事業移轉民營，則可以擺脫各種法規對於公營事業營運的羈絆，也可以解決政治部門管理公營事業所衍生的龐雜問題，這些因素促成了公營事業移轉民營政策的制定。

◆經營效率與政策使命

綜上所述，可以發現公營事業經營績效不彰是其來有自的，主要是因為在公營事業的成立，從未考量過經營效率的問題。公營事業的成立，是為了達成政府的政策使命。至於所謂的政策使命，除了要負擔產業發展的責任之外，也要配合政府不同的公共政策，協助政策目標的達成。例如台肥公司，除了在肥料業發展外，也以較低價格販售肥料給農民，以達成政府照顧農民、扶植農業的目的。又如台汽公司，台汽公司爲接收公路局客運業而成立，成立後二十年來主要是擔負台灣公路客運的責任，另外像是優惠票價、租斷違規遊覽車等，亦是基於主管機關的指示進行。

公營事業的組織與公務機關極爲相似，爲求防弊，必定設有政風或稽查單位；另外，像是會計、出納等單位的設置，也都如同公家機關一般。也就是說，公營事業的人力配置，並非以市場競爭效率爲主要著眼點；內部各級員工，也都循公務系統升遷，比之民間企業，彈性較小。

簡而言之，公營事業可說是一種政策工具，主管機關在制定政策，並要求公營事業配合時，經營效率並非主要之考慮。使得公營事業經營績效不如民營事業。所以，公營事業在壟斷與獨占時期，可以賺取許多的盈餘；但是一旦面對外界環境的改變，以及民間業者的競爭時，很快就會出現盈餘減少或是虧損的現象。

台汽經營環境的轉變

整體來說，公營事業都面臨了相同經營環境改變。在過去市場由公營事業獨占，但是，隨著自由化的世界趨勢，國內的政治、經濟、社會等面向，都有不同的發展；經濟的發展就是過去公營事業獨占的局面不再，公營事業在不同的產業之中，都面對了民營事業的競爭。公營事業由成立至今，所面對的是獨占優勢瓦解的一個過程。下文所要敘述的台汽所面臨的經營環境轉變，即台汽公司面對民營客運，以及自用車成長等外來挑戰時，公路客運獨占市場的瓦解歷程。

由台灣省公路局成立，到改組後的台灣汽車客運公司，二者的客運業都有過輝煌的時代；但是那是在過去公路客運業務由台灣省公路局或現今的台汽所獨占的時代，也是空運尚不發達的時代。高速公路於民國六十七年十月通車，這對於長途客運市場有著深遠的影響。在高速公路通車初期，正好是鐵路電氣化的施工期間，鐵路運輸較無效率，台汽的長途客運需求量大增，致使供需之間出現供不應求的情況；於是有出租大客車業者，認爲長途公路客運有利可圖，以違規的方式承攬高速公路上的客運業。在當時，台汽公司對於未來發展呈現一片樂觀的景象，未預料到未來市場的需求直轉急下。

當時俗稱野雞車的違規遊覽車業者，沒有任何公營事業會有的包袱和限制，其彈性的經營方式、低廉的票價和較佳的服務水準，大受旅客的歡迎；即使面對重罰仍有利可圖，亦無法以取締的方式使其根絕。最後於民國七十六年，政府同意由業者組成的統聯公司經營高速公路客運。這些違規業者或是其後的統聯公司，對於台汽的業務都有不小的衝擊，台汽的壟斷地位也不復存在，形成台汽與統聯寡占高速公路客運路權的局面。自民國八十四年一月開始，交通部開始草擬「國道開放申請經營實施要點」，準備全面開放高速公路客運路權，進一步開放高速公路客運經營權，此舉將會對台汽與統聯的營運造成衝擊。

另外，自從民國七十五年開始，自用小客車的數輛快速成長，結果使得高速公路的壅塞情況加重，造成旅客流失。台灣的航空市場蓬勃，長途旅客對交通工具的選擇變多了，由搭乘台鐵或是台汽，變成可搭乘飛機、火車、台汽、統聯、少數違規野雞車、搭乘私家轎車等，這些造成了台汽業務滑落，其他如負擔低乘載路線和優惠票價、勞基法的實施、不良政策的拖累等，都影響台汽的盈虧。從台汽轉盈爲虧的過程中，我們可以明顯的看出，公共政策對公營事業營運績效的影響。

台汽公司在初成立之時，曾有數年年度結算都有盈餘，從民國七十七年開始出現虧損，且虧損數額年年增加，僅在民國八十年因爲出售中崙站場土地，才有三十多億的盈餘，參見表3.1。面對連年的虧損，台汽以裁員、裁車、多角化經營、整合路線、組織扁平化等措施加以因應。台汽剛成立時，公司章程中規定的經營業務爲：公路汽車客運業、遊覽車客運業、有關客運與遊覽事業之投資與經營、有關旅客服務事業之投資與經營；最近則爲拓展經營領域、推展業務，修訂公司章程；增加營業項目爲：公路汽車客運業、遊覽車客運業、經營停車場業務、便利商店之經營、餐廳業務之經營、汽車保養維修、旅館業務之經營、汽車拖吊業、租賃業、汽車修理業等經營項目。

台汽雖然曾經占有高速公路客運業務的壟斷地位，但是一旦面臨外界的競爭，不論是高速公路上其他的業者競爭，或是其他可替代的交通工具的競爭；台汽在面臨外界環境的改變時，其應變能力顯然有彈性不足之現象。然而，這也是許多公營事業的現象。台汽是奉行政院的命令成立，接掌台灣省公路局的運輸業務，並且也接收了台灣省公路局的組織結構及人員。作爲一個公營事業，台汽必須要配合許多國家政策，並且也受到相關法規及多層主管機關的監督與管理；公營事業會有的問題，台汽也都有，經營效率不彰、虧損情況嚴重，則是最受各界責

表 3.1　台汽歷年盈虧資料

單位：億元

年度	70	71	72	73	74	75	76	77	78
盈虧	＋7.17	＋5.51	＋5.17	＋2.60	＋3.53	＋0.21	＋0.26	－8.31	－14.21
年度	79	80	81	82	83	84	85	86	87
盈虧	－29.42	＋32.20	－39.10	－54.27	－43.60	－31.47	－11.84	－2.78	－15.80

難的一點；加上台汽是以公司型態經營，所以受公司法的限制，才會在過去幾年數度面臨破產的危機，必須向省政府要求增資以解除破產危機，並在省議會審查時，面臨省議員對其經營績效的嚴重質疑。

但是，在責怪台汽虧損問題嚴重的同時，必須把台汽公司放在整個體制中一併檢討，台汽執行過的政府政策對台汽有些什麼樣的影響？台汽在整個政府體系中是處在什麼樣的地位？然後，再檢討台汽公司內部的結構，是否因爲管理層級的問題或是不當決策導致台汽經營績效不佳？這些問題將在下文中加以探討。

政府政策對台汽所造成之影響

台汽公司是屬於交通運輸事業，因此政府的交通政策對於台汽自然會產生直接的影響。台灣的交通運輸系統可分爲海運、空運與路運，路運又可再分爲鐵路及公路，在公路上則有公營事業——即台汽、民營運輸業、自用客車的區別（參見圖3.3）。就整體來看，大眾運輸政策對於台汽會有所影響；細部則有對航空、鐵路、公路的政策、國道路權開放、對民營客運業的政策、及對

圖 3.3 交通運輸系統

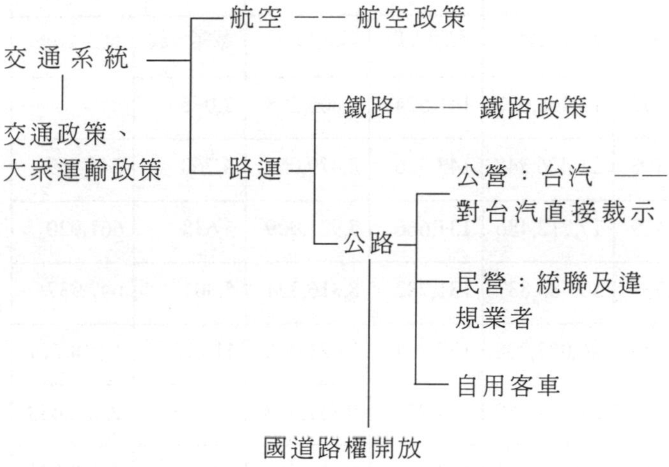

圖 3.4 台灣地區自用小客車成長圖

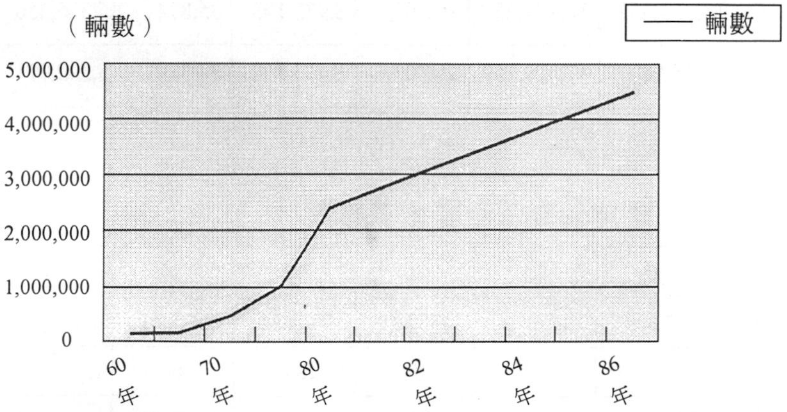

表 3.2　台灣地區交通運輸客運量

單位：千人／千人公里

	公路		鐵路		航空	
年別	載運人數	延人公里	載運人數	延人公里	載運人數	延人公里
60	1,350,732	12,468,627	141,524	6,806,205	2,065	—
65	2,107,198	21,426,248	143,326	8,479,067	4,760	546,569
70	1,748,419	17,712,486	131,666	7,981,909	5,638	661,920
75	2,080,339	30,486,837	131,782	8,316,324	5,301	647,937
80	1,560,929	26,087,008	137,784	8,621,006	11,210	1,508,714
81	1,480,962	24,969,180	149,874	9,357,403	14,875	2,021,453
82	1,413,955	24,062,721	158,034	9,552,265	18,441	2,550,841
83	1,272,288	21,277,895	160,991	9,515,175	23,299	3,234,874
84	1,187,521	19,175,274	160,926	9,499,387	28,739	4,160,040
85	1,153,452	18,289,351	160,058	8,975,193	35,874	5,306,450
86	1,162,801	17,509,259	166,033	9,263,252	37,379	5,322,971

表 3.3　台灣地區自用小客車登記數

單位：輛

年度	60	65	70	75	80	81
輛數	32,824	127,416	438,052	956,625	2,440,685	2,799,519
年度	82	83	84	85	86	
輛數	3,139,876	3,469,378	3,771,662	4,039,649	4,295,332	

台汽作出的裁示。至於海運部分，因為與本文較無關連，且使用比例極低，對於台灣本島大眾運輸系統的影響甚微，在本文中略過不提。

至於大眾運輸的使用比例，則隨著不同的外部環境因素有所更迭。在民國六十一年以前尚無高速公路，以鐵路為主要的大眾運輸運具；至民國六十七年因中山高速公路通車，國內大眾運輸客運轉為以公路為主；到民國八十一年則因車輛數高速成長，造成高速公路及省道等公路系統塞車情形嚴重，使鐵路的使用率有所成長；近年來則因為高速公路壅塞情況未獲改善，鐵路容量已飽和，空中管制於民國七十八年解除等因素，使得國內航空運輸的使用率提高。八十三年一月十八日，交通部宣布實施高承載車輛優先通行管制措施，有利於提升台汽及統聯的運能，提高民眾搭乘客運回鄉過節的意願。交通部為配合高承載管制政策，協調台汽和統聯密集加班，但台汽春節的運輸旅客人次不增反減，許多加班車都沒有人搭乘，顯示公路客源流失的嚴重。

大眾運輸政策

法規亦屬於政策的一部分，所以，在討論大眾運輸政策時，先粗略地簡介中華民國的交通法規。我國交通法規的法源有：憲法、法律、命令、條約與協定、地方自治法規。其中與大眾運輸政策較有關係的，為法律、命令、地方自治法規。不過，我國法規中並沒有針對大眾運輸系統作整體的規範，僅是就公路、鐵路、航空等，作個別規範。因此，以下有關大眾運輸政策的討論，將先把交通法規排除在討論之外。

交通部於民國八十四年五月出版的《運輸政策白皮書》中，將運輸系統分爲國際運輸、城際運輸、都市運輸、城鄉與偏遠地區運輸、運輸安全五大部分，就城際運輸系統部分所提出的運輸政策與運輸策略如表3.4所示。

在《運輸政策白皮書》中，提到國內有關於運輸政策的嚴重問題，城際運輸的整體運輸規劃單位的問題在於：「目前國內並無法定之整體規劃單位，各運輸部門均可視其需要來進行局部性、有預設立場之規劃工作，致經常出現個別運輸系統之供給始終不足，均需優先給予擴充之結果，完全失去整體規劃之意義。」

城際運輸整體運輸規劃的制度與執行問題則是：「目前國內運輸建設程序尚未建立完備之制度，即便已完成整體運輸規劃，各運輸部門之建設投資仍然採個案處理、逐年逐級審查的程序進行。由於甚難經由零散且獨立之個案瞭解其在整體運輸系統之效用，因此根本無法發揮整體運輸規劃之功能。」

由這兩段文字內容，我們可以得到的結論就是，台灣的城際運輸缺乏整體運輸規劃的單位，也未建立完備的制度，所以運輸部門往往都進行個別的規劃工作，即使有整體的運輸規劃，也會因爲沒有完備的制度，使得整體的規劃工作無法進行。這點也是最根本的問題所在。因爲沒有法定的整體運輸規劃單位，中央無法制定大眾運輸政策，所以城際運輸缺乏整體的運輸規劃單位及制度；即使中央制定出大眾運輸政策之後，也會出現無法落實與執行的問題。在台灣省這個層級還存在之時，由於省府所管轄的區域與中央管轄的區域有著極高的重疊性，所以還可以由省府作出一些大眾運輸政策；凍省之後，大眾運輸政策就直接由中央與各縣市

表 3.4　交通運輸政策與運輸策略

運輸政策	運輸策略
1. 提供使用者充分行旅資訊	提供用路者道路交通資訊 提供大眾運輸使用者充分之行旅資訊
2. 擴充及維護運輸基礎設施	加強配合國土綜合開發計畫 強化公路建設與養護 加強鐵路建設與養護 提升國內民航運能 建立環島航運
3. 健全運具間之聯運系統	建立客、貨運聯運系統
4. 靈活運用運輸建設財源	獎勵民間參與交通建設 成立運輸建設基金 推動建立運輸建設工程管理制度
5. 健全客貨運輸業之經營管理	放寬市場管制與民營化 提升業者營運效率 補助大眾運輸業
6. 加強運輸秩序與需求管理	強化重車運輸秩序 強化大客車行車秩序 加強運輸需求管理

來制定，各縣市只能針對內部的都市運輸加以規劃，至於城際的大眾運輸政策就必須由中央加以規劃和制定。所以，有關於城際運輸規劃單位與制度，有必要及早建立。

由上文的討論中，可以看出在台灣本島內的大眾運輸政策問題在於：缺乏整體規劃單位，整體運輸規劃制度亦未建立，亦無宏觀政策的執行單位。政策的循環過程為：政策發起 (policy initiation)、政策形成 (policy formulation)、政策產出 (policy outcome)。在政策的循環過程中，需要規劃單位與制度、執行單位的配合。在政府單位缺乏城際大衆運輸的整體規劃單位和制度，以及整體政策執行單位的情況下，城際大衆運輸政策缺乏整體規劃，即便有整體規劃方案出現，亦缺乏執行單位。

在大衆運輸政策缺乏整體規劃的情況之下，政府也無法針對大衆運輸系統中的公路、航空，制訂出個別的產業政策。就公路而言，由台汽公司獨占的公路客運，轉變爲開放民營業者加入競爭的過程中，政府並沒有作出很好的規劃；自用車的大幅成長，民營業者加入競爭，違規遊覽車難以杜絕，高速公路嚴重塞車等問題一直存在，也使得公路客運的生態逐漸惡化。

大衆運輸交通政策原本是希望讓台汽公司獨占市場，才會讓台汽公司租斷違規營業的遊覽車；但是，在無法根絕違規遊覽車的情況下，又再開放民間違規遊覽車業者，合組第二家長途汽車客運公司——統聯公司；卻仍然無法解決違規遊覽車業者違法營業的問題，於是又開始開放民營。造成現今遊覽車公司有難以維續的現象。以台汽公司的規模和公營事業的體質，面對外在環境迅速變化時，自然難以調適。事實上，不僅台汽如此，民間業者如統聯，也經營得十分吃力。所以，我們可以說台汽目前所面臨的營運不佳的問題，不僅是台汽公司的問題，也是民營客運業者也都面臨到的困境。大衆運輸政策的整體規劃與執行，實爲當務之急；大衆運輸系統生態的重整，尤爲首要之務。

航空、鐵路政策

◆航空

我國國內航空運輸由中央統籌，交通部之下設有航政司空運科，負責空運行政；另外設民用航空局，負責空運政策擬訂、空運管理、飛航服務、航站營運、機場維護等工作。空運的使用率，可以政府「開放天空」的政策作爲分界點，之前由於路運不方便，航空運量並不高，但穩定成長，並曾因爲中山高速公路的完成與鐵路西部幹線電氣化，使得航空運量急劇減少；但在民國七十六年解除空中管制後，國內航空業就開始蓬勃發展，搭載旅客人數以兩位數字成長，其中以中長程旅程的服務品質和票價最具競爭力，相對的造成鐵公路生意的下滑。

空運的大幅成長主要是因爲陸運所提供的運輸供給量不足，且多家民營航空公司相互競爭，可以提供既便宜又良好的服務，吸引大量民衆搭乘。但是，在國內民航需求大量增加的情況下，大部分航站仍屬軍民共用，使得整體發展受限，應該加以改善。在開放天空的政策之下，台灣有多家民航公司成立，國內飛機航班也大幅增加；但是國內民航空域、跑道及航管人員也同時呈現出明顯不足的情況，飛行安全成爲空運政策中極需注意的問題。去年（民國八十七年）接二連三的空難事件，造成民衆心理上的恐慌，也突顯出台灣在飛行安全管理有待加強。雖然如此，航空業之興起，的確對於台鐵及台汽之業務造成相當大之影響。

◆鐵路

八十三年十一月，台灣省交通處長鍾正行表示，未來本省陸海空運輸交通將以「大衆優先」、「實施補貼」、「加強管理」等原則著手整頓改善，各運輸工具間的關係應是合作而非競爭。大衆運輸業虧損補貼制度，省府將從台汽與台鐵開始。

省府曾於八十四年底根據行政院頒訂「促進大衆運輸發展方案」，擬出大衆運輸補貼制度的建立、大衆運輸優先制度與獎勵引用通訊定位技術等三項誘因；希望以利誘的方式，吸引民間業者加入大衆運輸系統經營，以更完善的運輸系統吸引民衆搭乘。大衆運輸補貼制度分爲金錢與非金錢的補助，大衆運輸優先制度則是考慮在短期內開放大客車行駛路肩或內側車道等優惠措施，再以高速公路的有線通訊系統配合通訊定位技術的實施。省府交通處乃於八十四年底，完成台灣省城際運輸網路系統的規劃，以台鐵負責中長程運輸，台汽負責短程通勤運輸。

台灣鐵路依法本應由交通部管理，但在台灣光復初期，爲求業務執行順利，由交通部呈准行政院將台灣鐵路暫時委託省方代管經營；當時在台灣省行政長官公署下設鐵路管理委員會負管理責任，在台灣省行政機關由公署改爲省府時，鐵路管理委員會亦改制爲台灣鐵路管理局。目前台鐵運量上的供給已呈現出供給不足的情況，且收支呈現嚴重虧損，其中人事費用的支出占台鐵支出費用極大的比例；這些虧損都必須由省府加以支應，因此台鐵可說是省府管轄的公營事業中的一個燙手山芋。

目前鐵路運輸的問題在於，供給量已達飽和，若是遇到年節假日，常常會出現一票難求的情況，甚至會有乘客漏夜排隊買票。在經營管理方面，台鐵需同時負責經營與車輛、軌道和設備的維修；在法令限制下需承擔義務優待票；加上欠缺退休準備金的設計，人事成本逐年增加，造成經營績效低落，年年虧損，需要仰賴政府預算補助的現況。

省府交通處在民國八十四年底，完成台灣省城際運輸網路系統的規劃，希望以台鐵負責中長程運輸，台汽負責短程通勤運輸。然而，這項規劃似乎未能落實，因爲台鐵短程通勤票價極爲便宜，例如：台北火車站至板橋火車站只要十八元，低廉的票價加上坐火車不會塞車，使得許多民衆願意選擇台鐵作爲短程通勤的交通工具。事實上，省府交通處所作的規劃相當不錯，若能落實則台汽與台鐵的關係可以是合作而非競爭。未能落實的原因，可以推測出以下幾點：

1. 未能考慮到台汽與台鐵意願。台鐵與台汽都處在嚴重虧損的情況之下，二者都要努力求取組織的生存，也要盡力提升營運績效，若無完善的規劃配合，很難要求台汽將營運的重點放在短程運輸上，同樣的台鐵也不會願意放棄短程通勤的收益。

2. 沒有良好的配套措施。在制訂相關的交通政策時，必須要考慮到消費者的配合意願；政策制定了，消費者卻沒有配合意願，則這項政策就可說是失敗的。例如：過去曾對違規遊覽車業者大力取締，卻在民衆偏好搭乘的情況下，使得違規遊覽車仍得以繼續營業。若要使省交通處所規劃的省城際運輸網絡能落實，其實可以以票價的調整，用「以價制量」的方法，使乘客在選擇運具時，在短程通勤時選擇搭乘台汽，長程旅途則選擇搭乘台鐵。但是，這樣的配套措施需要行政院的配合，因爲鐵路票價必須由行政院決定；另外，票價的調整往往會面對民意代表的質疑與干涉，未必能如願地以票價的調整達到政策目的。

3. 未考慮到民營業者。整個政策並沒有考慮到民營業者在其中扮演的角色，即便台鐵與台汽都如省府規劃，分擔短程與中長程運輸的功能，民營業者仍會經營其既有的路線，破壞省交通處公路與鐵路運具分工的政策構想。

省交通處所規劃出的台灣省城際運輸網路系統，其實勾勒出很完善的美景，但是這項政策卻有著太多的缺失，使得這項政策未能落實，可說是失敗的一項政策。其最根本的問題，應該在於未能考慮到，整個交通運輸工具的市場已慢慢開放，走上自由競爭的局面，主管單位很難以一項政策或是命令去影響業者的經營策略或是消費者的選擇。交通部曾宣佈將要調整台鐵短程通勤票票價，原來十八元的票價將會漲到五十元，漲幅幾近原價的三倍；這項票價調整政策，應當會影響短程通勤旅客對運具的選擇，但其實際的影響仍有待觀察。

公路政策——國道路權開放

台灣的公路系統若依其功能差異劃分，可分爲國道、省道、縣道、鄉道及專用公路五種。至於各類道路的主管單位則如下所述：國道由交通部主管，其下設有國道新建工程局及高速公路局，分別負責興建、養護及管理；省道及縣道由台灣省交通處公路局主管；鄉道及專用公路由各縣市政府及各公私立事業機構負責管理，由省公路局負責督導。由於公路面積及車輛總數的年平均成長率相較，車輛總數成長率遠超過公路面積成長率，顯示出公路運輸供給方面的建設有待加強。

◆「公路法」相關規定

公路法於民國四十八年六月二十七日由總統下令公布全文六十條，於民國六十年二月一日總統下令修正公布全文七十二條，再於民國七十三年一月二十三日總統下令修正公布全文八十一條。在全文共八十一條的公路法中，包含有總則、公路修建與養護、公路運輸、安全管理、獎勵與處罰、附則等六章。

在公路法第二條規定——「公路：指國道、省道、縣道、鄉道及專用公路，供車輛通行之道路。」；公路法第三條規定公路主管機關——「在中央交通部；在省（市）爲主管廳、處、局；在縣（市）爲縣（市）政府」；公路法第六條規定國道、省道等之管理機關——「國道由中央公路主管機關管理。省道由省公路主管機關管理。縣、鄉道由縣公路主管機關管理。」由此可以看出公路分別由交通部、省交通處及縣市政府負責，至於公路依其功能差異，分由不同主管機關負責管理的影響，在下文中會再加以討論。

◆國道路權開放政策

路權開放爲民營化風潮下的一個政策，但是，這對面臨生存邊緣的台汽也造成重大的衝擊。究竟台汽應該開放獲利良好的路權呢？還是偏遠鄉下註定賠錢的路權。民營業者當然希望取得獲利良好的路權，而要台汽繼續經營不好的路線。但是，這對台汽而言，無疑是雪上加霜。爲紓解高速公路擁擠問題，交通部於民國八十三年一月十七日通知省府，開放台汽行駛北二高路權，以紓解年節返鄉車潮。於八十四年七月三十一日截止的一波國道客運路權開放申請中，共有五家公司提出申請，國道路權的開放對台汽及統聯等客運業勢必將會帶來衝擊。交通部並於八十五年三月二日，審議通過開放十條國道路線，交由民間業者經營，台汽所面對的挑戰，將更爲艱鉅。

台汽負擔的政策任務

本節主要針對主管機關對台汽作出的部分政策進行討論，在衆多政策中，挑選出來進行討論的，主要是對台汽的營運有著負面影響的政策。例如：租斷民間遊覽車、台汽購車的政策考量、軍職轉任的影響、公路局轉任人員的影響、優惠政策等。另外，像是勞基法實施對台汽公司也有重要的影響，因此亦放入討論之中。

◆租斷民間遊覽車

(一)租用與租斷違規遊覽車

台汽受命租斷民間遊覽車，對台汽造成了很大的影響，影響所及有財務、人力、形象等三方面。在討論該項政策對台汽造成的各方面影響之前，先要說明整個政策形成的背景。

高速公路於民國六十七年通車，在同一時期，鐵路電氣化尚未完成，國內航運尚未解禁，且國內的自用小客車數量亦少；因此，公路客運爲城際運輸工具中，速度最快的。當時，台汽雖然預測到客運市場會隨著高速公路通車而大幅成長，並於民國六十九年購入五十輛國光號，卻仍不能完全滿足公路客運的需求量。尤其是到了春節期間，台汽更是一票難求。在公路客運供不應求的情況之下，給了民間業者介入的空間；這些民間業者未取得高速公路客運的經營權，即擅自以遊覽車招攬客人，行駛於高速公路上。這些違規遊覽車即當時所稱的野雞車，既未取得高速公路經營權，遑論遵守法規。

這些違規遊覽車以較具彈性的手法經營，任意停靠以方便乘客上下車，在票價和班次上也都可以依市場需求作調整；當然，這些違規遊覽車的經營方式，也是違法的。交通部雖然想盡辦法，想要制止違規遊覽車經營，卻看不出交通部措施的成效。因爲，違規遊覽車的確提供乘客較好的服務，較能吸引旅客搭乘；且由於公路客運的需求量仍然很大，使違規業者有生存的空間。

最後交通部想出的辦法是，由台汽出面租用所有的違規遊覽車。由台汽排班次，租用違規遊覽車，並由台汽的售票員隨車收票。然而，在租用階段產生的弊端有：違規遊覽車有很多吃票，或是不聽調度，甚至不按班次前往載客的情況出現。

這樣的情況使得台汽公司在管理上十分不便，當時公司內部開始有將違規遊覽車租斷的聲音。持此見解的人，認爲若將違規遊覽車租斷，可以方便台汽管理，只要將車體噴漆爲台汽車輛的外觀即可；同時，也可以就此杜絕違規遊覽車的生存空間，由台汽塡補整個公路客運市場的需求量。這樣的想法，剛好也與交通部的政策走向不謀而合；最後，台汽在租用違規遊覽車兩年後，又於民國七十一年，受命租斷違規遊覽車共五百六十輛。由於違規遊覽車的廠牌過於複雜，爲避免台汽使用不便，違規遊覽車駕駛員便以一車一名駕駛員的方式進入台汽。這些車輛造成台汽財務、時間、人力上的負擔，同時也對台汽的形象有著負面的影響。這些影響會在下文中再行說明。

(二) 違規遊覽車對台汽造成的影響

1. 財務負擔

(1) 租金

租用與租斷遊覽車的費用，全都由台汽負擔，總共的費用高達二十四億元，並且在租用與租斷之時，亦未考慮到台汽本身的財務狀況，造成台汽必須以貸款的方式支付租斷金，造成台汽日後以債養債的局面。同時，這筆龐大的支出費用，使台汽在日後八年內都無法再購入新車。

(2) 維修費用

台汽租斷遊覽車時，進入台汽的遊覽車都是中古車輛，不僅車況十分不良，且車上許多零件也有多處缺損。加上這些違規遊覽車的廠牌雜亂，零件與維修資料的取得十分困難；當時台汽花了許多錢在整修車輛之上，其後亦要保養這些老舊車輛，對財力造成極大的負擔。

2.人事負擔

(1)人力管理

進入台汽的違規遊覽車駕駛員大致分爲兩種心態，一種是因爲想進入台汽公司而隨車進入的，另一種則是原來違規遊覽車業者也不願再雇用的。後者進入台汽後，不僅使台汽主管階層，在人力管理上，面對極大的考驗；同時，因爲這些駕駛員將過去的不良習慣都一併帶入，影響到員工的激勵制度和士氣，同時也對日後工會的形成有所影響。

(2)人事費用

當時，台汽一口氣接收了五百六十輛的違規遊覽車，首先受到衝擊的是負責保養的機料系統，除了維修問題外，也有著技工不足的困擾。另外，隨著五百六十輛遊覽車的租斷，台汽各站場和管理人員的業務量也隨之增加；爲求因應，台汽公司多招考了許多人員，主管、技工、服務員、約雇人員、監工等。組織變得更龐大時，人事費用的支出也隨之提高，甚至是日後人員退休的費用也增加了。這些人事費用的劇增，對台汽日後的財務，造成極大的負擔。

3.形象

前文提過，一些進入台汽的違規遊覽車駕駛員將過去的一些習慣帶入，亦缺乏守法心態，因而產生許多弊端，例如：吃票、私下載客、服務態度不佳、聚衆滋事等。這些使得台汽公司的形象一落千丈，也使旅客搭乘意願減低。

台汽租斷遊覽車的政策，除了台汽管理階層錯估該政策對台汽的影響之外，最糟的部分是，原先預定要阻斷違規遊覽車經營的政策目標並未達成。使得台汽承受該項政策的惡果之餘，違規遊覽車仍然繼續營業，仍然與台汽競爭，繼續拉走台汽原有客源。最後，在台汽與業者的租約到期後，本應車與牌照都歸屬於台汽；但是當初租斷的遊覽車已無法再行駛，必須淘汰，至於原先遊覽車的牌照，卻在交通部的政策下，歸還給車主。於是車主得以用台汽給付的租金，並以原先的牌照，再購入遊覽車，與台汽競爭。

整個政策執行的結果是，除了未杜絕違規遊覽車的營運之外，反而使業者有錢進行車輛的汰舊換新；至於台汽則是支付了巨額租金後，徒增其人事包袱與財務負擔，形象一落千丈之際，仍要與違規遊覽車競爭。台汽可說是租斷遊覽車政策中，最大的受害者。

（三）經營權開放

在交通部無力杜絕違規遊覽車的經營之後，便作了極大的政策調整，於民國七十九年開放民間業者成立第二家行駛國道路線的統聯客運公司。開放國道客運經營權的政策，對於民眾來說，自然是利多於弊；只是由期待台汽壟斷國道客運經營，到開放國道客運經營，二者之間的差距實在過大，對台汽公司也造成極大的衝擊。不過，雖然國道客運的經營權漸漸開放，卻仍杜絕不了違規遊覽車的違法營業。

表3.5就台汽公司與統聯公司的營運狀況作大概的比較，以瞭解統聯客運開放後對台汽公司的影響爲何。

就表3.5中所列的台汽客運及統聯客運的客運人數及延人公里數相比較，會發現民國八十六年統聯客運的客運量與台汽客運的客運量相比，統聯客運的客運量在客運人數僅爲台汽客運

表 3.5　台汽客運與統聯客運客運量　　單位：人、人公里

	客運人數		延人公里	
年度	台汽客運	統聯客運	台汽客運	統聯客運
70	306,563,049	——	11,999,355,869	——
75	261,620,262	——	10,776,428,570	——
76	239,756,390	——	10,084,287,747	——
77	208,610,680	——	8,710,397,333	——
78	183,585,440	——	7,939,725,544	——
79	168,587,929	——	7,955,858,314	——
80	156,658,746	2,250,380	7,149,723,892	603,287,618
81	151,956,389	6,158,837	6,521,911,029	1,609,302,560
82	134,293,377	6,590,101	5,704,247,818	1,666,756,407
83	120,124,535	6,553,829	5,045,990,858	1,591,416,793
84	107,948,990	6,357,829	4,513,092,820	1,489,961,002
85	92,909,715	6,734,627	4,068,023,792	1,513,361,275
86	65,301,946	7,659,049	3,197,090,577	1,727,376,094

客運人數的九分之一，而統聯客運的延人公里數則是台汽客運的三分之一。統聯客運客運量就整體而言，不及於台汽客運的客運量，可能是因爲統聯取得的經營路權，僅有十三條國道路線的經營權；由於統聯客運主要是進行長途運輸，而台汽客運還兼營其它短程運輸路線，因此出現二者在客運人數與延人公里數之上的差距。

就台汽與統聯各別的客運量來分析。自從台汽於民國六十九年十月起正式接掌台灣省公路局的營運業務之後，其營運量就開始一直滑落，剛好從民國七十年到民國七十九年統聯客運正式開始營運這段期間，正好是台灣地區自用小客車成長速度最快的期間，加上違規遊覽車業者的競爭，所以使得台汽公司的客運量不斷下滑。由於台汽近年來爲改善營運狀況，採急速變革方案，陸續釋出經營路線，釋出後全部經營路線只保持一百二十三條，爲原來經營路線的三分之一；因此，八十五年度與八十六年度的客運量大幅下降。反觀統聯客運的客運量，除了剛開始營運的第一年客運量較低外，其後各年大都維持有一定的客運量。

◆工會法之影響

工會法於民國十八年制定，最後一次的修改時間是民國六十四年五月。工會法規定工會爲法人，其中規定同一工作區域內，年滿二十歲以上，且爲同一職業或產業工人，達三十人以上時，應組織產業工會或職業工會；也就是說，這部法律具有相當的強制性，只要合乎條件，就必須要組織工會。不過在其強制性之外，對勞工也有一定程度的保障，例如：規定僱主不得因員工參加工會將其解僱，或作爲不錄用之標準；僱主亦不得於勞資爭議期間，以勞工參加勞資爭議爲由解僱之；並允許工會幹部每週或每日以一定限度內的時間，辦理會務。

這部法律的影響，主要是在解嚴之後，開始有許多的工會開始走上街頭爭取合理的待遇或者自身權益；在勞資爭議的過程中，工會法對參加抗爭的員工，於法仍有保障。然而，對於資方來說，工會的籌組似乎是要向資方爭取權益，對資方是有害的。事實上，若是給予勞工較多的權益或較好的待遇，相對的，資方的利潤或是可用資源也就會減少。有關工會的影響以及勞資關係的變化，我們會在第八章再詳細討論。

對於公營事業來說，公營事業比較會去遵守法律的規範，因此，當員工開始要爭取自己的權益時，公營事業也會比民營事業接受來自工會更多的挑戰；民營事業則可能對法律的遵守不如公營事業，員工爲避免喪失工作權，也比較不會向資方爭取應得待遇。這是公民營事業之間的不同。

◆勞基法之影響

勞動基準法於民國七十三年七月公佈實施，其適用範圍主要包括有七大行業，運輸業也包含在其中，因此台汽公司作爲運輸業也就必須受勞基法的規範。其立法目的除了要規範勞動條件的最低標準之外，也要保障勞工權益，規範勞工與雇主之間的權利義務，並且簡化過去散見各種法令中的相關規定。在勞基法中，針對勞動契約、工資、工作時間及休息休假、童工與女工、退休、職業災害補償等事項規範。

由於事涉勞工及業主權益，勞基法實施後，不僅常有勞工團體發動抗爭，要求立法院修改勞基法，以進一步保障勞工權益；企業主也不滿意勞基法的規定，認爲其規定不利於企業經營。勞基法條文中最受爭議的有下列幾項：適用範圍、退休金或資遣費之年資計算問題、積欠工資優先清償問題、工時問題。以下就對於台汽公司影響最大的工時問題加以說明。

就工作時間來說，勞基法規定勞工每日正常工作時間不得超過八小時，每週總工作時數不得超過四十八個小時。若延長工時二小時以內，照每小時工資加給三分之一以上；延長工時在二至四小時，則照每小時工資加給三分之二以上；勞工若於休假日工作，工資應加倍發給。

台汽於勞基法頒布施行時，並未考慮到要完全依法，嚴格恪守其中有關工時的規定。駕駛員每週超時工作，或者員工於假日排班到公司或服務站場輪值，是常有的事。既未考慮到超時工作有給付加班費的問題，在人力調度上，也就沒有考慮到效率的問題；也就是說，台汽在勞基法初頒布的幾年內，許多內勤人員輪值或加班都是不必要的。

台汽工會於民國七十七年正式成立，成立後曾向當時的董事長徐靜淵，要求將駕駛員的每週基本工時由四十八小時降至四十四小時，也獲得台汽前董事長徐靜淵的同意。及至民國七十八年，台汽工會依法向勞委會提出申訴，要求台汽加發員工延長工時的薪資，勞委會並裁定台汽應依法補發員工延長工時薪資。當年補發給員工的薪資，高達十九億，亦造成台汽財務上的極大負擔。台汽降低基本工時，事實上也造成其他公營事業，如：台鐵、中油、電信局的員工，要求比照辦理，大幅增加公營事業營運成本。

勞基法實施對台汽的影響，除了因爲工時的相關規定，導致台汽的營運成本增加以外。另外的影響就是與其他業者相較之下，台汽身爲公營事業，必須嚴格遵守法令規定；而其他客運業者面對高速公路塞車，導致駕駛員普遍超時工作的情況，則是將塞車成本轉嫁給員工，以壓低底薪、拉長工時等方式，降低人事支出。就這點來說，台汽身為公營事業，面對法令規範，台汽與民間業者的競爭，似乎是站在一個不平等的基礎上在進行的。

◆台汽購車之政策考量

由於台汽是公營事業，若要購車必須於購車前一年先行提出預算案，供議會審議；且購車必須要公開招標，以避免圖利特定廠商。行政作業的繁複，使得台汽的購車案，往往要計畫約二至三年，才能獲得補助購車。因此，有時極需新車加入營運時，卻不能像民間業者一樣，採購新車以因應市場需求。目前民間業者購入的大型遊覽車，約使用三年後，即脫手再購入新車，以提高競爭力；但是台汽的車齡極長，最新的車輛是於民國八十一年購入，最舊的車輛則是於民國六十七年購入，很難與民間業者競爭。

另外，有時台汽購買車輛是應主管機關的要求購入。例如台汽於民國七十八年購入六十一輛的飛鷹牌大型車輛，即是為配合中央政府的貿易或外交政策購入。當時正逢美國議員訪華，並希望我國能購買一些大型遊覽車，以降低我國對美的貿易順差。台汽便奉命以高價購入特定廠牌的大型遊覽車，在當時關稅較高的情況之下，購入六十一輛飛鷹牌遊覽車，每一輛的購買成本都超過一千萬台幣。然而，該型車輛車體規格較台汽所需的車體規格還大，而且零件材料都較其他廠牌的遊覽車還貴，且美國原廠在不久後即倒閉；造成台汽公司在維修這些車輛時，必須耗費較多的時間或金錢，來進行維修。

也就是說，爲了要配合政府的一些政策，或是爲了要拉攏及酬謝對華友好的外國議員；台汽在車輛的採購上，也不具有自主權，在採購車輛上不能顧及成本效益原則，被迫以高價購入不合用的車輛。這樣的政策性支出，也完全由台汽負擔；不僅花費大筆金額購入不合用的車輛，而且車輛購入後也必須再投入額外的人力、時間、金錢，進行車輛維修保養工作。在台汽的購車政策考量中，可以很清楚的看到，公營事業作爲政策工具，爲配合政府的政策，不僅在經營上無法完全顧及效率問題，而且必須完全負起事業經營不善之責。類似的問題，不只在台汽發生，也在許多其他公營事業發生，增加公營事業額外的經營成本。

◆換敘之影響

台汽於民國六十九年十月一日改組成立之後，銓敘制度奉行政院核定，仍維持交通事業人員資位制。銓敘部67.3.3(67)台楷甄四字第0377號函示「本部認爲該局職工之職稱，已載諸交通事業人員資位職務薪給表內，依規定應換敘以維持制度之完整……」之原則，及順應職工意願，組成專案小組。由交通處邀請考選部、銓敘部、交通部、人事行政局、省屬有關廳、處，舉行兩次協調會，所獲結論擬請上級核示，並擬訂現職員工應士級資位考試規則，奉考試院核定舉行換敘考試。於民國七十三年八月報銓敘部完成現職員工換敘交通事業人員士級資位作業。

換敘作業執行後，原來以工職任用，不屬於台汽正式員工的工職人員，都以士級人員任用，並屬於台汽的正式員工。同時，由軍方轉至台汽工作者，原來的軍中年資可以計入台汽的薪級中，即所謂的提敘，影響極大。

以台汽公司的機料系統來說，台汽公司中機料廠和保養場的技工在換敘前，必需要以考試方式升級和比敘。職工們的工餉按工作所需的知識技能高低，核發工餉；技工的薪水和地位高低，則視其技術高明與否而定。但是，在換敘之後，所有士級人員，不論工作所需技能或知識深淺，一律敘薪，並施以同樣的管理規則。而且軍人過去的年資可用以提敘。

依照陸海空軍官士官任官條例與後備軍人任公職考試比敘條例，軍職每滿一年，年資可提敘一級，至士級資位最高級為限。曾任軍職者，可依規定比敘；而在台汽任職數十年的員工，則不能比敘。一些具有軍人資歷的看守工，或資淺的技工，在提敘後，許多人的薪級可以提到士級的最高級。在士級人員中，有11%的人有軍職年資，換敘之後，都在一夕之間，得以大幅調薪。這個轉變使得台汽原有的激勵制度，完全被打亂，並且造成士氣渙散的狀況。

◆公路局退休員工退休金

台汽的成立，是要承接公路局的客運業務，在台汽成立之時，接收了公路局客運業的所有硬體設備和部分資產；但是，台汽公司成立以來，陸續有七千八百人退休，其退休金包括公路局時代的年資。這些公路局年資退休金總共有三十三億元之譜，完全都由台汽來承擔。對於台汽的財務亦造成很大的負擔。

◆票價及補貼政策

(一)票價政策

台汽公司的票價，必須依據交通部民國五十九年七月公布的汽車客貨運運價準則訂定。該準則中規定，汽車客貨運價應配合國家運輸政策、衡量負擔能力、服務價值、服務成本、競爭情形等因素，故本省公路客運業基本運價，高速公路及一般公路票價經分別報奉交通部或省交通處公路主管機關核准後公告實施。不過，這樣的規定對於違規遊覽車業者自然毫無意義，因此違規遊覽車可自行視市場供需調整票價；台汽公司則必須以既定的票價營運，不能隨時視市場需求量更動票價。

高速公路票價調整作業是由交通部核定，實施日期則由省決定。交通部與省交通處既爲台汽的主管機關，亦有權要求台汽調整票價，這些票價調整的政策，對台汽的經營自然也有著影響。例如：民國七十三年時，交通部爲平衡鐵路票價偏高現象，曾指示台汽公司調整票價。雖使台汽民國七十四年的年盈餘較民國七十三年的年盈餘還高，但也使得台汽的票價較違規遊覽車的票價還高，使違規遊覽車有發展的良機。

由於台汽營運成本過高，且高速公路客運票價多年未調；台汽曾於民國八十三年，就此曾向交通部反應，希望能夠調整高速公路票價。但是，原訂於民國八十三年四月一日調整的高速公路票價，在立委的杯葛下，使得高速公路客運費率調漲案模糊化。這點也顯示出立法委員，對於高速公路票價的影響力所在。

（二）補貼政策

就補貼政策來說，一則爲對學生的補貼，爲配合政府優惠學生乘車通學的政策，台汽長期給予學生月票半價優待。二則爲台汽長期行駛的偏遠服務路線，以配合政府照顧偏遠地區民衆的交通便利的政策。這些政策性措施導致之虧損，在過去全都是由台汽自行吸收，尤其是偏遠路線，台汽過去都是在虧損的狀況之下，繼續營運。

行政院已通過由交通主管單位自民國八十六年起，編列大衆運輸服務路線補助款；就一些行駛偏遠或是低乘載路線的客運業者，給予補助，以繼續照顧偏遠地區民衆。但是，該辦法中亦規定，行駛這些路線的車子，必須是車齡在八年以下的車輛。

也就是說，這樣的偏遠路線補助辦法，政策的制定目的是爲了要鼓勵未來民間業者行駛不賺錢的路線，而非特地要補助台汽公司；至於台汽公司過去行駛偏遠路線所造成的虧損，似乎則被視爲理所當然，無法就過去的虧損得到任何的補助。同時，新政策的制定，對於偏遠地區民衆不見得有利，這主要是因爲承接低承載路線的民間業者，常會有過站不停或是脫班的情況發生。交通部應就補貼政策再行研擬，以貫徹過去對偏遠地區民衆照顧的政策。

小結

本章主要針對公共政策對於台汽造成的影響加以討論。因爲公營事業在成立之初，在歷史背景及社會主義的思潮下，公營事業是爲求產業發達、政策的有效達成、也是基於對社會公平的追求而設立。從未考慮到經營效率的問題，因此若以公營事業經營效率不彰，來抨擊公營事業，將責任完全歸之於公營事業員工，並不公平。整體而言，我們可以清楚的看到，台汽之類的公營事業在事業經營上，面臨一個市場扭曲的環境。他們經營的成果也不能用單純的企業效率來評斷。

台汽公司成立至今已有十九年，在這十九年中台汽面臨了外在的環境轉變，面臨的是公路客運獨占市場瓦解的歷程；由於民間業者開始投入公路客運市場的經營，加上自用小客車的大幅成長，航空市場的開放。這使得台汽失去曾經擁有過的優勢地位，自民國七十七年開始，出現大量的虧損。

台汽除了面對經營環境的改變之外，身爲公營事業，台汽必須背負起民間業者不必背負的政策責任，同時也必須完全遵守法令規範。不良的政策制定與執行，以及政策的急轉彎，都會對台汽造成衝擊；在制定政策的主管機關，不必負責的情況下，台汽必須承擔所有的不良後果。此外，相同的法令，公營事業必須遵守以扮演好模範生的角色，民營業者則以違法或轉嫁成本的方式，占據較佳的競爭地位，使得公營事業似乎處於挨打的地位。

所以，本章想要強調的是，在公營事業不能擁有經營的自主權，還要負擔政策達成使命的同時，要求公營事業經營要有效率，是不太可能的。透過台汽執行政策對台汽造成影響的討論過程中，也會發現主管單位有權無責的問題，亦是公營事業難以擺脫的一個包袱。

【參考書目】

㈠《工商時報》，83年1月18日，22版。

㈡《中央日報》，84年12月25日。

㈢《中國時報》，83年3月30日，5版。

㈣《中國時報》，86年8月9日，7版。

㈤台北銀行經濟研究室（1996），勞動基準法對企業衝擊之研究，台北：台北銀行。

㈥《台灣新生報》，83年1月26日，2版。

㈦《台灣新生報》，83年11月4日，15版。

㈧《台灣時報》，84年3月12日，4版。

㈨立法院圖書資料室編（1996），公營事業民營化，台北：立法院圖書資料室。

㈩交通部統計處（1998），交通統計月報，台北：交通部統計處。

(十一)交通部編著（1995），《運輸政策白皮書》，台北；交通部。

(十二)《自立晚報》，75年10月6日，1版。

(十三)吳若予（1992），戰後台灣公營事業之政經分析，台大三民主義研究所碩士論文。

(十四)林哲岳、張秉熙（1994），《公營事業民營化之研究——民營化方式之探討》，台北：交通銀行。

(十五)林豐賓（1997），《勞動基準法論》，台北：三民。

(十六)張玉山（1996），〈公營事業轉型與員工轉業輔導訓練〉，《公營事業民營化快訊》，第五期，頁26-28。

(十七) 張玉山 (1996)，〈台灣地區石油工業的自由化與民營化——兼論中國石油公司的角色與定位〉，《公營事業民營化快訊特刊》，頁1-24。

(十八) 張晉芬 (1998)，〈上有政策、下無對策：省營客運的經營困境和私有化的衝擊〉，國科會84-86年度社會組專題計畫補助成果發表會，台北：中央研究院。

(十九) 張晉芬 (1998)，〈變調的聲音與個人出走：由省營客運員工的資遣檢檢視私有化政策的執行〉。

(廿) 陳師孟、林忠正、朱敬一、張清溪、施俊吉、劉錦添 (1991)，〈解構黨國資本主義——論台灣官營事業民營化〉，台北：《自立晚報》。

(廿一) 《經濟日報》，83年1月19日，10版。

(廿二) 《經濟日報》，84年1月12日，1版。

(廿三) 《經濟日報》，84年8月1日，7版。

(廿四) 葉萬安、邱顯明編著 (1985)，《中國之公營生產事業》，台北：中央文物供應社。

(廿五) 劉鳳文、左洪疇 (1984)，《公營事業的發展》，台北：聯經。

(廿六) 蕭全政 (1995)，〈國營事業與整體經濟發展〉，《公營事業民營化快訊》，第八期，頁4-5。

(廿七) 《聯合報》，83年3月17日，5版。

(廿八) 《聯合報》，85年7月18日，2版。

(廿九) 魏牧民 (1994)，〈台汽和統聯啞巴吃黃蓮〉，《商業周刊》，第327期，頁14。

(卅) Miller, David (ed) (1987), *The Blackwell Encyclopaedia of Political Thought*, Oxford: Basil Blackwell.

4

公營事業的統御與管理结構

理論探討

公司運作模型

公司有別於公務機構，是一個法人機構，也是現代資本主義社會最重要的一個工具。各國各地對於公司的規範都有所不同，我國屬大陸法系，有關公司法及相關規定，多參照日、德。然而，最近十年來，國際商務之興盛，使得各國公司規範有趨向英美系統之趨勢。此節，將先就英美公司觀念作一介紹。

美國於一九二九年的經濟大蕭條之後，公司法及證券法即奠定了良好的基礎，至於與公司所有者、如何掌控公司、公司與其他構成份子的關係——包括股票持有人、員工、顧客、供應者，與前述內容有關的法規也都同樣有所發展。直到一九八〇年代及一九九〇年代早期，與公司管理有關的議題才開始成爲企業管理的主要議題，如：董事會的權力與責任、經營權移轉的規則（the rules governing takeovers）、機構投資者的角色及影響、行政主管的給付等。

公司爲配置與組織資本、勞力、及其它資源，並且製造與販賣貨品與服務的合法機構。雖然公司爲政府所保護與授權，不過美國政府鮮少直接干預公司的經營管理。相反的，政府的角色是間接的提供一個合法且制度化的環境（legal and institutional environment），以鼓勵與支持創造財富的經濟活動。整體環境應該要能夠助長公司統御結構（governance structure）效率的提升，也就是統御系統（systems of governance）要能夠引導資源作最有效的運用。

圖 4.1　公司運作模型

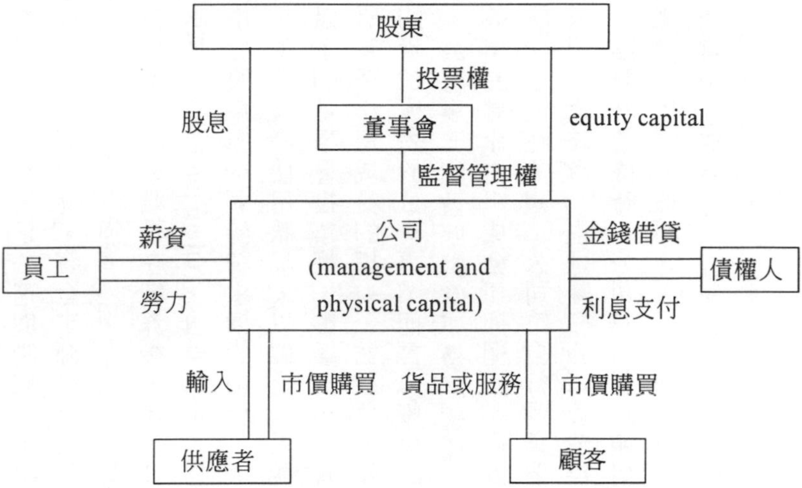

由於大型公司的政策、策略、日常決策都是由專業經理人掌控，其他的利害關係人，像是：投資者、供應者、員工，雖握有資產，對於資產的管理僅具有很小的影響力。所以，任何公司的統御結構的核心問題在於，如何使公司行政主管在對企業其他貢獻者負責的同時，仍保有靈活度和誘因以掌握所需資源，並且能夠掌握投資機會，具有競爭能力。

公司統御權（corporate governance）指的是，影響公司能作些什麼、公司爲誰所掌控、對公司的掌控如何運作、如何避開風險及分配公司獲利等，整套的法律、文化和制度的配套措施。法律措施包括證券法、高級職員及領導者的信託責任（fiduciary responsibilities）、管理公司併購及接管的法律、有關利益關係人權益的法律。制度方面則有董事會內部的慣例常規、及有關管理和補償等內部系統。一般而言，大家特別注意董監事之組成與彼此之間的權力關係。

上圖爲參考 Blair (1995) 所繪製的公司運作基本模型。

在圖4.1中呈現的是公司與股東、董事會、債權人、員工、供應者、顧客之間關係。公司由企業家或管理小組營運，資金來源可以向銀行或是其他債權人借得，或者藉由發行股票籌得。當公司在支付員工薪水、借貸款項、物資購買等應支付的金額後，若仍有盈餘，則將盈餘分配給股東。由於股東所得的利潤是在結算後，才視公司是否有盈餘及盈餘多寡進行分配，所以股東擁有「剩餘請求權」(residual claim)，也就是業主權益 (equity) 的處分權。

由於股東處於剩餘請求權的地位，大部分的經濟學家認爲，股東會有最強烈的動機去關心公司的決策和資產使用狀況，以確定公司能夠賺得利潤。雖然股東並沒有直接經營公司，卻能透過法律賦予的董事會投票權，影響公司的管理方向。這是因爲董事會擁有雇用和開除公司行政主管和高層管理小組成員的權力，並且負有監督公司帳目、通過其策略計畫、以及其它重要的決策和行動的責任。對於公營事業而言，股東既然是政府，股東們對於剩餘請求權的關心自然不如一般民股。公營事業的盈餘常常要繳納國庫，鮮少運用盈餘進行策略性的投資。

公司的壽命由組成公司即開始，直到宣佈破產結束營運爲止。公司的組成可依任何合法的商業目的爲之。在美國，公司可自行選擇要在哪一州組成，不受公司實際是在那一州營運的限制；至於公司宣佈破產，也是屬於公司管理很重要的一環。相關的法規——如破產法，就必須規範當公司面臨財務危機時，公司應由誰及如何掌管和經營等問題。通常債權人並沒有權利投票選擇公司領導者，也沒有權利介入日常管理決策；但是，當公司無法償債時，債權人可選擇沒收其資產或凍結資金，或者介入公司的營運。此時，管理者和股東相對地就減少許多原有的權力。

所有權結構

公營公司的所有權與前段之公司統御理論顯然有所不同。公營事業雖然是公司，受公司法之規範，但其主要股東爲政府。政府所關心的主要問題，並非效率或股利事項，所以，我們不能用傳統公司的模型分析公營事業。以台汽爲例，其股東爲台灣省政府，顧客雖爲廣大的乘客；比之一般企業，台汽之股東的基本利益並非爲了賺錢，而是服務。

此處，我們以利益關係者理論（stakeholder theory）分析台汽之類公營事業的所有權結構。利益關係者理論主張公司在決策時，應考慮幾個主要利益關係者的利益。由於這些利益關係者都可能有既定的利益（風險），因此，利益關係者可以說也擁有所有權。傳統公司的利益關係者包括股東、員工、顧客、供應商、立法者（政府規範機構）、社區、以及一般大衆。通常股東、員工與顧客被認爲是最主要的三個利益關係者。

就台汽而言，其股東就是政府機構，員工又有如公務員，顧客則是一般民衆。因此主要利益關係者中有角色重疊之現象。利益關係者理論強調，所謂的剩餘請求權，並不止於股東，也包括其他的利益關係者。傳統剩餘請求權的主要論點在於股東必須負擔最後的風險，所以，股東擁有公司的剩餘請求權。但是，對於公營機構而言，許多員工進入公司之後，就有如公務員，長期爲公司服務，當他被迫離職時，他也必須負擔很高的風險；相對於政府（股東）而言，員工的風險可能更大，因此，員工也應該擁有某種程度的剩餘請求權。換句話說，就公營事業來說，公司必須對員工所負擔的責任，以及員工對公司所可能的付出，都應該超過一般私營企業。對於顧客而言，由於公營事業所服務的對象是廣大民衆，這些民衆也可能是納稅人，可以稱得上是間接股東，所以，顧客的利益與風險，也超過一般私營企業。

總而言之，公營事業對主要利益者，特別是員工以及顧客之責任，要比傳統私營企業更爲重大。以台汽在停駛某些路線之決策而言，其所考慮的因素就必須遠比私營汽車客運公司複雜，即是最好的說明。

董事會組成

台汽公司董事會之職責

由於台汽公司爲股份有限公司之組織型態，其組織架構必須依照公司法之相關規定設置與運作；因此台汽公司必須要設有董事及監察人，以盡監督之責。

台汽公司依法要設有十一名董事，與三名監察人，二者皆由股東會就有能力的股東選任。董事長則由董事會互選出的三名常務董事中，再互相推選一位擔任董事長之職。由於台汽公司爲省營事業，股東即爲省政府，因此，董事、監察人也都由省政府選任，並無實際監督或執行業務。

董事長對內爲股東會、董事會、常務董事會主席，對外代表公司。在董事是由省府選任的情況下，雖然董事長需要經由董事們推選出的常務董事再推選出來，選舉機制也就不具有意義，董事長自然也是由省政府指定。由於董事長對外代表公司，因此董事長往往必須赴省議會備詢，也

表 4.1 台汽公司歷任董事長任職前後經歷

姓名	任期	任職前	卸任後
常撫生	69.10~73.8	台灣省政府交通處處長	退休
熊裕生	73.8~76.9	公路局副局長	退休
徐靜淵	76.9~79.2	物資局局長	退休
江清馦	79.2~82.6	台灣省政府交通處副處長	台灣省政府秘書處副秘書長
陳武雄	82.6~	台灣省政府人事處副處長	仍在職

必須對省長負責。雖然，董事長、董事會、經理人、經理等人的職權與省府職權均有法規規定，然而，職權規定不可能完全清楚的記載在文字上。事實上，公營事業董事長與總經理的關係，常常處於曖昧不明的狀態，兩者皆為公務員，總經理雖然要聽命於董事長，但是雙方都受到公務法令之保障，以及各自可能擁有的政治資源，董事長難免會與總經理發生衝突，而難以排解。

台汽公司的歷任董事長

一般民營公司中，董事會擁有雇用和開除公司行政主管和高層管理小組成員的權力，並且有責任監督公司帳目，以及通過其策略計畫，以及其它重要的決策和行動。不過，由於公營事業的董事職務多屬公務代表，董事的流動率很高，更換頻繁，董事會的功能其實有很大的強化空間。所以，許多公營事業董事會的成員中，真正有機會參與事業決策的，就只有董事長；董事長對於事業走向的評估，以及董事長所作出的決策對於事業的發展，即代表整個董事會的態度。因此，我們有必要瞭解台汽歷任董事長的背景。

表 4.1 為台汽公司歷任董事長經歷，以及離職後的經歷。

由於台汽的股權爲省政府所有，因此董事長、董事、總經理，多由省府選派，因爲董事長爲十二職等，並不受職系限制；在人選的選擇上，除了專業能力之外，也常需要考慮其他政治因素。在例任董事長任職前的經歷，可以看出來他們有豐富的公務經歷，應該也具有相當的管理才幹，他們對於客運業務或許也有一定的理解。在任職過台汽董事長的人中，有三位具有任職交通事業的背景，一位則由與交通事業毫無關係的職務轉任；其中常撫生、熊裕生、徐靜淵這三位，都有軍系背景。前面曾經論及，早期台汽公司受到軍方影響甚劇，整個維修體系的觀念引自軍方，許多員工來自軍方，董事長也不例外。事實上，早期台灣省主席，如周至柔、黃杰、陳大慶也都是軍系出身，早期台汽董事長來自軍方也不足爲奇。

台汽公司在常撫生任職董事長期間，大幅招考人員，因爲當時的董事長常撫生先生，對於台汽的未來發展相當樂觀，他認爲以台汽當時的業務成長率，未來台汽的規模必定可以發展到有三千六百輛車子之多。在當時的市場壓力下，也受到來自政府和民衆的壓力，必須盡迅擴充台汽的載客規模。但是，他以及當時台汽高階主管沒有想到的是其後客觀環境的轉變，以及外來的競爭，和公路客運市場的不景氣；因此，當時即以三千六百輛車子爲目標，進行人員招考，同時也大量進用軍方人員。在其後，發覺台汽無法達到那樣的規模時，公司亦無法如民營事業一般，當機立斷資遣冗員；以致這些過剩的人力，最後亦形成了公司的人事包袱。另外，所進用的軍方轉任人員，對公司也有極大的影響，此即在第三章提過的；由於軍方人員主導員工的換敘作業，因而間接地影響到員工的考核與激勵制度，並且也對公司的員工士氣有負面的影響。

徐靜淵在擔任台汽公司的董事長之前，曾經擔任過物資局的局長，並且在其任內將物資局整頓得非常好。因此，主管機關便將徐靜淵調至虧損中的台汽公司，希望徐靜淵也能夠協助台汽公司，改善營運狀況。在徐靜淵任職董事長期間，台汽公司仍維持固有的營運規模，並未作人事精簡的工作。在當時的時空下，台汽並未能預見未來運輸環境的改變，導致日後人事成本高居不下，成爲台汽的重大負擔。此外，由於徐靜淵對於勞工十分照顧，所以在他擔任董事長的期間，工會的要求只要不違法且於法有據都會答應，使得工會勢力大幅成長；影響最大的則是同意將駕駛員每週基本工時降爲44小時，事實上，當時勞基法的規定是每週48小時，導致公司必須支付額外的加班費給員工，並追加以前的逾時加班費給員工。這點在第3章亦已提過，在此不再贅述。

江清馦先生任董事長期間，執行了第一期和第二期的精簡方案，雖然精簡時沒有完全達到精簡目標，公司員工人數也減至八千多人；當時江清馦先生對於台汽的虧損，主要採用節流的管理方式。

較特別的是現任董事長陳武雄，陳武雄雖然學的是公共行政，公路業務本來非其專長。但是，由於其就任時，正逢台汽需要進行急速變革，需要執行人員精簡及組織扁平化等措施之時；以其人事背景，正好有助於員額精簡工作的執行。在其任內執行的第三期人事精簡，於短短三個月內，將員工員額數由八千八百多名，減至四千五百二十名；組織的變革方面，也將台汽公司的組織作修正，裁撤運輸處，簡化保養層級，將保養場併入車站管理，並且力行利潤中心制。其中變化之大，可與民間企業相比擬；同時，要在如此劇烈的裁員行動中，避免工會及員工的抗爭和反彈，是極不簡單的事。陳武雄對於相關法規的嫻熟，以及對於人事運作業務的瞭解，在這個過程中，實爲助力。

陳武雄董事長能夠順利完成第三期人事精簡，與他個人擁有的長處有關：

1. 人事背景的輔助。
2. 前省長宋楚瑜先生的支持。
3. 與省議會之間良好的關係。
4. 對於相關法規的嫻熟。

陳武雄在到任後，除了執行公司的急速變革方案外，也以一些開源節流的方案，向主管機關請求就台汽公司的政策性支出予以協助。其人事背景與對法規的瞭解，有助於急速變革方案的執行。

另外，陳武雄也請求省府增資，以避免台汽公司面臨破產的命運。就人事包袱的減輕，則是要求省府撥款協助台汽公司支付過去公路局退休人員的退休金。同時，他還向交通部請求支付台汽過去爲租斷違規遊覽車，而支付的二十四億元；另外也要求交通部撥款給台汽進行新車採購，以改善服務品質，並且得到交通部的同意。在向主管機關請求補助時，陳武雄與省議會良好的關係，以及前省長宋楚瑜先生的支持，也有所助益。

陳武雄的人事背景，與省府良好的關係，雖然在台汽急速變革的階段，對相關業務的推展極有幫助。由於台汽一再面對破產之危機，所以，必須一次次從財務上解決破產危機，同時快速縮小台汽的虧損規模。主要的方式爲釋出路線，人力精簡，縮小經營規模。另一方面，他雖然積極於台汽經營的多角化，受限於法令制度之種種規定，業務量有限。陳武雄的努力，延長了台汽的生命，使得台汽免於破產，也獲得相當的肯定，但他仍需面對艱鉅的挑戰。

從前述分析可知，董事長一職對於台汽公司的發展方向，具有舉足輕重的影響力；不論是公司的未來發展走向，或是向主管單位爭取公司權益，董事長的決策與努力，都對公司的利益有著極大的影響。

總經理之職責

總經理之權限

民營企業之董事會組成通常以股權爲最主要的考慮因素，有時，也有公司經營績效之考慮。然而，公營事業之考慮則未必如此。

總經理通常被認爲是現代公司組織中最有權力（power）的人，該權力的賦予是使其有能力處理組織內外不確定的狀況，故其權力具有正當性，對公司的結構、內部運作、及策略方向影響力極大。總經理的權力分成結構的（structural）、擁有權的（ownership）、具威望性的（prestige）、及代表專家的（expert）四種構面，並藉由實證資料來支持這四類權力的存在性。Structural power 是最常被提及的權力類型，該權力建基於正式的組織結構與科層授權（hierarchical authority）上，這也就是德國社會學家韋伯早期所提出「法理權威（rational-legal）」的權力，意即在科層組織中，透過組織運作的設計和規章守則的制宜，給予不同職位的正當性權力（legitimate power）。總經理因處於組織最高的結構位置，因此擁有比企業中任何職位具影響力的結構權力。

總經理 ownership power 的產生是在總經理同時擁有公司股權時，當總經理擁有的股權越多，或是爲公司的創立者、與創立者有關係淵源者，其 ownership power 的權力越大。Prestige power 是指因總經理在政府、金融機構、以及其他企業組織外重要相關利益者等體制環境中具某程度的個人聲望，使得該企業的正當性提高，此因個人威望所擁有的權力稱之。Expert power 指的是總經理專業能力的貢獻，使企業組織經營成功、績效良好，此因專業能力而所擁有的權力稱之。

總經理在企業中的權力相當大，如果再兼任董事長，就可能會有總經理是球員兼裁判的現象，此時董事會能否發揮監督與策略擬定的功能則極爲重要。現代經濟理論探討企業代理問題文中，認爲董事會是對經理人的監督機制，代表的是所有股東及潛在投資人，透過董事會可統御經理人的決策，並保障股東的利益。有學者認爲最佳的董事人選是必須符合可勝任總經理職位、及最好由一些外部專家擔任等這兩項要件，因爲前者可帶給管理者內部接收的壓力，後者因這些專家具有社會聲望，較不會與總經理勾結。

即使總經理沒有兼任董事長，董事長處於相對被動的地位，因爲總經理常被假設須擁有責任與權力來管理公司。所以究竟管理階層與董事會的權力孰大？許多學者發現管理階層（包括總經理及內部董事）擁有較大的決策權，原因在於管理階層擁有選擇外部董事的權力，且外部董事常因時間、對公司營運資訊不足等因素，而將眞正的決策權依附在管理者身上，尤其當決策具緊迫性時；而且，基於互惠的原則，外部董事通常會支持管理階層的決策。一個由內部董事所主控的董事會，其監控經營決策的能力不足，尤其是總經理對階級較低的內部董事之升遷，具有絕對影響力時，董事會對總經理的控制力更是薄弱。

台汽公司的歷任總經理

在台汽公司的公司章程中規定，總經理之委任與解任，皆由董事長提請董事會，以董事過半數之同意行之；且總經理承董事會決議，綜理台汽公司業務。由於董事以及董事長都由省政府指派，所以省政府若要指定總經理人選，只要透過省政府安排的董事，就委任總經理一案予以同意即可。

在民營公司中，總經理擁有極大的權力，所以總經理的領導管理能力、就公司業務所作的決策與判斷，在在都影響到公司的發展。至於公營事業的總經理的權限，則要視該名總經理與董事長之間的互動而定，至於這部分的問題，稍後再進行討論。下文中先列出台汽公司歷任總經理任職前後之經歷，以對歷任台汽公司總經理的出身背景有更進一步的瞭解。

由以上所列資料，可以瞭解到台汽公司歷任總經理，在擔任台汽公司總經理前後的職務爲何，也可以粗略瞭解其出身背景與專業能力。台汽歷任總經理中，除了徐享能是由台汽公司內生的總經理以外，其他的總經理或者由省政府官員中選任，或者是由軍方系統轉任。這些由其他單位轉任台汽公司的總經理，有的在公路局服務多年，因此對於公路客運的業務或者事業環境還有相當程度的瞭解，但是可能不具有專業的企管能力。在前三位總經理任期的七年間，也是台汽最重要的七年。受限於政府的意識形態、歷史背景、法令體制，以及領導人的經營理念；台汽沒有在那幾年掌握好基本經營策略，並做必要的轉型，使得後來的經營者難以爲繼。

表 4.2　台汽公司歷任總經理任職前後經歷

姓名	任期	任職前	卸任後
李國屛	69.10~73.9	台灣省政府交通處主任秘書	退休
陳尙廉	73.9~75.4	基隆港務局總工程司	交通部路政司司長
胡劍虹	75.4~76.7	公路局總工程司	公路局總工程司
舒龍丹	76.7~77.12	陸軍飛彈基地勤務處處長	台灣汽車客運公司專任董事
徐享能	77.12~81.3	台灣汽車客運公司副總經理	公路局副局長
原紹曾	81.3~82.6	公路局主任秘書	退休
陳傳楷	82.6~84.4	台灣汽車客運公司副總經理	退休
陳武雄	84.5~	台灣汽車客運公司董事長	董事長兼總經理

公營事業與民營事業不同之處，在於公營事業上有政府單位主管，且需要民意機關審核其預算；因此，倘若公營事業的總經理或董事長與主管單位或民意機關，有良好的互動關係，對於該事業的運作發展，多少也有一些助益。但是，綜觀台汽公司幾年以來的發展過程，則會發現若要使公營事業經營更具效率，其領導者的專業能力，以及對於該事業的瞭解，實在有其重要性，這也是公營事業主管單位在人選的選擇上，應該加以重視與注意的。

政府相關單位關係

在統御結構上，公營事業與民營事業最大的差別，在於主管或協調機構要多得多。以台汽爲例，其主管相關單位涉及省政府交通處、中央政府交通部、省議會、立法院等單位。有關台汽與政府相關單位之間的關係，可以就民意機關以及主管單位兩部分討論之。

民意機關及代表對台汽的干預

我國民意機關可分為縣市議會、省議會、立法院三個層級，這三個層級的民意機關及民意代表，對於台汽公司的經營都有不同的影響，以下分就這三個層級的民意機關加以討論。

◆縣市議會

根據公路法以及市區道路條例的規定，縣、鄉道由縣主管機關管理，縣市公路運輸道路的主管機關，則為當地政府。因此經營市區汽車客運業者，必須向所屬的直轄市或是省轄市公路主管機關申請。縣市議會對於縣市政府則擁有監督及預算審核權。因此有時涉及地方客運業的利益時，台汽公司原訂的營運路線或是停靠站往往會被迫更改；而且通常是被迫由營運狀況較佳的路線撤離，或是被要求改走低承載率的路線，或被迫作出較不符合效率考量的路線及停靠站規劃方式。

◆省議會

省議會為三級民意機關中對台汽有著最大影響的一個民意機關，台汽公司的高階主管常要到省議會報告、備詢、接受監督。這主要是因為省議會掌握著台汽公司預算的審查權，同時因為台汽公司為省營事業，每當台汽公司需要尋求省政府補助時，省議會的態度也會影響到台汽是否能如願獲得補助。因此台汽與省議員之間自然需要保持較良好的關係。若有省議員要求台汽行駛原來未行駛的路線，或是改變原有路線的停靠站時；僅管路線的改變對於台汽的營運有負面影響，台汽也多會接受省議員的要求。

◆立法院

立法院對於台汽的影響也是間接的，當立法院審查行政院所提的一些交通政策時，立法院所作出的決定對於台汽會有著間接的影響。例如：高速公路票價調整問題，交通部曾訂於民國八十三年四月一日調整高速公路客運票價，最後卻在立委的杯葛下，使調價政策模糊化。

經營決策過程

整體來說，台汽的經營決策過程，政府相關單位掌握有相當大的決策權；相對的，台汽內部在經營決策方面的自主權，也就隨之降低。從預算的審查，到財務危機的解決，都要仰賴省議會及省政府的審查與協助。身為一個公營事業，台汽也背負著政策使命，對於主管單位制定的政策予以配合之餘；也配合部分民意代表的要求，進行一些路線的調整。

由以上敘述可以發現台汽雖然是省營事業，隸屬於省政府；但是，在國道路權和經營權的獨占方面，則又由中央政府及交通部主導，並受交通部制定的政策影響；行經縣市道路時，則需取得縣市政府的同意。台汽除了在業務上會與三層政府都有所接觸外，由於三層政府都各自受不同的民意機關監督，因此台汽也會直接或間接地受到民意機關或民意代表的影響，使得台汽的經營決策過程，受到不同的行政機關或立法機關的干涉。圖4.2呈現了台汽公司與各行政或立法機關之關係。

圖 4.2 台汽公司與行政及立法機關之關係

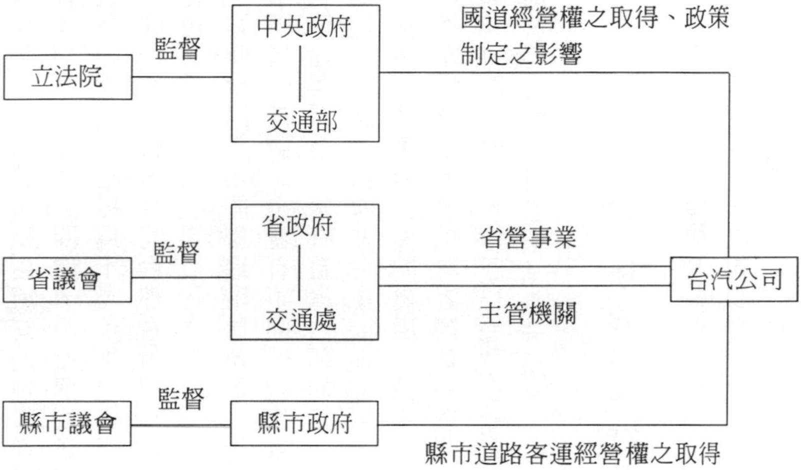

台汽的經營決策

雖然，台汽公司的經營決策受到多方面的干擾，缺乏自主權，但是，的確也有許多錯誤的經營決策，是台汽公司的管理階層擬定、執行。因此，早期台汽的管理階層對於台汽公司的虧損，也有一定之責任。後面，我們舉出五項經營上的錯誤。

租斷違規遊覽車的態度

第三章中曾提過，在交通部的主導下，台汽公司向違規遊覽車業者租用進而租斷遊覽車的政策，對台汽公司造成很大的傷害，使得台汽公司因而提高用人成本、財務負擔，同時也對台汽公司的形象造成負面的影響。但是，台汽在這個政策的制定過程中，卻並非完全扮演著被動的角色。

在台汽仍占有公路客運市場的獨占地位之時，對於這些違規遊覽車的經營，自然是抱持著排斥的態度。當交通部為了要杜絕違規遊覽車的經營空間時，想出的最後對策是由台汽公司租用所有的違規遊覽車，但是由於車子僅是向民間業者租用，台汽公司面臨了管理和調度班次的問題。由於違規遊覽車的駕駛員及車子都不屬於台汽，不論就車子的外觀或是人員的管理，都極爲不易；加上違規遊覽車駕駛員時常不聽班次調度，有脫班、遲到等問題。這些問題使得台汽公司內部在對租用違規遊覽車產生反感的同時，也開始出現了租斷違規遊覽車的聲音。

當時台汽公司的管理階層及員工認爲，若是租斷違規遊覽車，可以將車體改漆成與台汽公司車子同樣的外觀，不會有不同外觀的車子載客時，造成的不一致感；同時，車子是屬於公司的，便利管理與調度；當時台汽內部的另一個想法是，若是將這些違規遊覽車租斷，台汽也能夠再度回到過去壟斷公路客運市場的局面。

當然，政策執行後的發展，證明主管機關和台汽內部員工的想法是錯的，租斷違規遊覽車政策，不僅沒有杜絕違規業者經營的空間，同時也帶給台汽許多傷害。這不僅是因爲交通部政策制定和執行的瑕疵，當時台汽公司內部對於租斷違規遊覽車的態度，或者多少也促成了政策的制定，進而使得台汽最後必須承受苦果。

未來市場的錯誤評估

台汽公司在前董事長常撫生任內，曾經對於台汽在公路客運市場中的發展，作下錯誤的評估。根據當時的評估，台汽可以發展到三千六百輛車子的規模；至於評估根據，則是以台汽初成立時每年的營業成長率爲評估根據。加上當時每逢年節台汽一票難求，台汽公司也承受了來自主管機關及民間的壓力；必須盡力滿足公路客運的需求量，似乎公司營業規模的擴充，是唯一的解決之道。

當時並沒有想到未來市場開放的可能性，亦未預料到自用小客車會在短短的幾年內大幅成長，以及公路客運市場的萎縮。也就是說，台汽前董事長常撫生及公司主管在作預測時，正是公路客運業蓬勃發展之際，因此作出了過於樂觀的評估。

隨著這份過於樂觀的發展評估而來的是，台汽公司營運規模的大幅膨脹。台汽公司開始以三千六百輛車子的規模，大幅招考新人，並且大量進用軍人；人員的大幅招考，造成的是台汽公司在往後沈重的人事包袱，這點在公司無法達到預估規模時，尤其明顯；軍人的大量使用，則在往後換敘時，由於不公平的新制度，造成台汽公司員工士氣的低落。

對工會要求的讓步

此外，台汽公司前董事長徐靜淵任內，對於工會的過度讓步，使得工會勢力得以坐大；影響最大的則是當時對於工會要求降低每週基本工時的要求讓步，將原先駕駛員每週四十八小時的基本工時，降爲每週四十四小時的基本工時。同時，台汽公司雖然在民國七十四年，即已看出冗員過多，有裁員以縮減公司規模的必要，卻未能即時進行人力精簡。

這兩點加起來，配合上工會在民國七十八年根據勞基法，向資方要求補發過去未發的超時加班費，使台汽公司在當年即依法補發十九億元的超時加班工資，造成資方極大的負擔。

沿襲自軍方系統的觀念

台汽自從成立之初，在車輛的保養檢修，以及駕駛員的培訓方面，就完全沿襲軍方系統的觀念。就駕駛員的培訓來說，駕駛員必須按部就班地，先開普通車，然後再視其表現調升爲中興號駕駛，而後再調升爲國光號駕駛；這點學習自軍方是有益的，至少可以保證駕駛員的服務品質，可以保障乘客安全。然而車輛的保養檢修系統，抄襲軍方制度，則不見得有利。台汽公司的車輛保養檢修系統，分爲五個等級，由日常維修及至於車體檢修，都完全由公司內部的保養檢修系統來進行，完全不假外人之手，也沒有所謂外包的觀念。

優點自然是車輛完全由自己人進行維修，較値得信賴，在作業上也較爲方便。不過，時至今日則可看出其缺點，即組織過於龐大，而且保養系統也用人過多。在車輛檢修都由自己動手的觀念之下，當公司的車輛增加時——例如當年租斷五百六十輛違規遊覽車，公司內部的保養系統也就必須跟著多雇用保養檢修人員，以敷保養檢修之需；然而，在保養檢修系統擴張的同時，也造成了人事包袱增大，以及日後人事精簡和規模減小時的負擔與困難。這點自然也是台汽公司成立之時始料未及的。

內部管理效率

作爲公營事業，台汽的員工難免有吃鐵飯碗的心態，而台汽在內部的管理上，自然也有可議之處。例如，維修人員的效率不彰，無論是維修機料的控制以及維修的速度都不具競爭力。又如績效獎金制度，多年來沿用不變，是否達到激勵員工的效果也很值得檢討。舉例來說，在埔里的保養場與車站僅一路之隔，但是，同樣的清潔工工作，卻因爲績效獎金制度不同，在保養場工作，每月可以多拿一萬多元，相當不合理。

在早期，人員聘用上也十分紊亂，組長都可聘用臨時工、廚工、清潔工等，許多台汽員工的家人也循此管道進入台汽，這些聘僱人員理應爲臨時約聘人員，但勞基法實施之後，卻都以不定期契約的解釋，轉變爲正式員工，使得台汽公司的管理效率大幅降低，而人事成本則大幅提升。

小結

透過本章的討論，我們發現以台汽或其他公營事業的統御結構，要他們維持競爭力，無異緣木求魚。有關公營事業統御結構的問題歸納如下：

權責不清

公營事業的組織章程雖然就董事長和總經理的權責，作了明確的規定，但在實際運作上，董事長與總經理之間的權責常常難以釐清。總經理要負擔經營責任，而董事長就理論上來說不必過問經營業務，但卻要到省議會接受省議員的質詢，也要對省長負責。這樣的權責設計，會使一些希望仍可一展長才或對上級有所交代的董事長，對公司業務加以過問，或作出一些決策。若是公司面臨變革之際，董事長對業務的過問，容易造成董事長與總經理之間關係的緊張，也影響到公司業務的決策。在民間企業中，董事長對於總經理的人選通常也有絕對的控制權，因此，兩者之間的衝突幾乎不可能發生。公營事業的董事長與總經理則都是由主管機構派任，兩者之間若是發生權責上的衝突，並不如民間企業一般地容易解決。

主管太多

另外，就以上的討論發現，有資格過問公營事業經營狀況的機關太多；像台汽就會因業務需要，與三級政府都有直接或間接的接觸，監督三級政府的民意機關對台汽也可以直接或間接有所影響。主管太多不僅使得經營決策受到各個單位的過問和干涉，同時也使得公營事業必須要去執行不同單位提出的決策。這一層又一層的複雜關係，使得公營事業在經營上，受到多重掣肘，在經營決策上，難以完全以效率或是成本效益，作為經營決策的原則。

承諾不足

民間企業的創業家或專業經理人的生涯目標通常與企業是一致的，他們的前途或財富與公司的獲利能力息息相關。公營事業的董事、董事長、總經理則多由政府主管機構派任，他們的生涯目標通常不會局限在公司內部。事實上，公營事業因為兼負營利目標之外的任務，高階主管在決策思維上不以公司之獲利能力或效率為主要的考慮，毋寧是一個正常的現象；另一方面，這些高階主管或董事們也時有更迭，當他們才剛深入瞭解業務時，極有可能就被派任他職，因此，董事長或總經理等人抱持著一種過水心態，也極爲合理。以台汽爲例，自民國六十九年到八十四年的十六年間，共經歷五位董事長、八位總經理，其中除了七十九年到八十一年擔任兩年的徐享能之外，全部是政府自台汽之外所派任，沒有內部升遷的，但其可能面對的挑戰與困難，當可想見。

績效難評

最後，也是最大的問題，在於公營事業的經營績效難以評估，即使知道公營事業的經營績效不彰，卻很難將責任歸於董事長或是總經理。因爲在公營事業之上，還有民意機關可以過問進而影響公營事業的經營決策；再加上公營事業還要執行各種不同的政策，負有執行政策的使命。也就是說，過多的外來干預，以及公營事業在體制上所背負的包袱；使得經營績效難以評估，同時，也難以追究責任。

【參考書目】

(一)《中國時報》，83年3月30日，5版。

(二)劉韻僖（1998），〈企業上市對於組織與統御結構變革之研究〉，中山大學博士論文。

(三)Blair, Margaret M. (1995), *Ownership and Control: Rethinking Corporate Governance for the Twenty-First Century*, Washington: The Brookings Institution.

5

危機

持續虧損

台汽公司於民國六十九年成立之後，起初每年都有盈餘，到民國七十六年，七年的累積盈餘共有二十四億五千萬元。然而，或許因爲受到公司盈餘繳庫的影響，台汽的年度盈餘有逐年下降之勢。

民國七十七年台灣客運經營環境大幅改變，台汽更在短短一年之內轉盈爲虧，虧損金額一舉高達八億三千萬元。民國七十九年，由原違規遊覽車業者（俗稱野雞車）組成之統聯客運獲准經營高速公路客運，使原本獨占高速公路客運市場的台汽公司有了競爭者，這對台汽公司的營運與財務狀況無疑是雪上加霜。隨後的幾年來，台汽的營運績效每下愈況，虧損金額逐年擴大，參見表5.1：台汽公司歷年業務及盈虧狀況。

由於連年虧損，民國八十二年台汽公司的淨值趨近於零，面臨公司法明訂必須宣告破產的危機；另一方面，甫上任的前省長宋楚瑜先生指派時任台灣省人事處副處長陳武雄出任台汽董事長，委以拯救台汽的重責大任。

民國八十三年，台汽公司獲得省政府增資五十億元，始暫時解除破產危機，但負債總額仍高達三百一十億九千萬元。民國八十五年六月，省政府終於下令台汽急速變革自救。

表 5.1　台汽歷年業務及盈虧狀況

單位：新台幣仟元

科目別 年度別	營業收入	營業支出	營業利益	營業外收入	營業外支出
70年度	6,359,494	5,546,039	813,455	7,947	104,148
71年度	9,322,279	8,556,226	766,053	50,021	264,941
72年度	9,058,777	8,288,978	769,799	21,497	273,773
73年度	9,225,563	8,647,926	577,637	21,885	338,905
74年度	10,155,088	9,365,391	789,697	26,326	462,437
75年度	9,769,760	9,415,117	354,643	44,499	377,842
76年度	8,951,426	8,669,842	281,584	47,062	302,022
77年度	8,020,572	8,637,850	(617,278)	44,418	258,949
78年度	7,348,706	8,325,438	(976,732)	254,044	698,685
79年度	7,135,439	9,105,037	(1,969,598)	120,451	1,093,272
80年度	7,519,654	10,078,360	(2,558,706)	6,877,996	1,098,558
81年度	7,012,760	10,439,837	(3,427,077)	447,102	930,259
82年度	6,749,286	10,921,635	(4,172,349)	403,613	1,658,556
83年度	6,457,680	9,799,633	(3,341,953)	492,267	1,511,149
84年度	6,423,469	11,478,834	(5,055,365)	3,498,334	1,590,055
85年度	5,998,531	9,527,356	(3,528,825)	4,114,176	1,768,924
86年2月	3,507,859	4,541,588	(1,033,729)	878,647	1,014,946

（接續下頁）

表 5.1　台汽歷年業務及盈虧狀況（續）　單位：新台幣仟元

科目別 年度別	營業外利益（虧損）	盈虧	延人公里（千公里）	行車公里（千公里）
70年度	(96,201)	717,254	8,640,438	315,630
71年度	(214,920)	551,133	12,101,040	428,308
72年度	(252,276)	517,523	11,701,475	403,498
73年度	(317,020)	260,617	11,567,393	409,498
74年度	(436,111)	353,586	11,543,604	417,900
75年度	(333,343)	21,300	11,079,178	414,506
76年度	(254,960)	26,624	10,533,167	396,137
77年度	(214,531)	(831,809)	9,352,624	370,420
78年度	(444,641)	(1,421,373)	8,302,889	349,407
79年度	(972,821)	(2,942,419)	7,886,711	342,752
80年度	5,779,438	3,220,732	7,634,538	337,022
81年度	(483,157)	(3,910,234)	6,789,486	319,307
82年度	(1,254,934)	(5,427,292)	6,110,310	305,827
83年度	(1,015,882)	(4,360,835)	5,432,043	291,726
84年度	1,908,279	(3,147,086)	4,727,343	278,015
85年度	2,345,252	(1,183,573)	4,337,234	256,936
86年2月	(136,299)	(1,170,028)	2,525,558	147,029

資料來源：本書綜合整理。

內部危機

租車政策

民國六十九年，交通部為解決違規經營高速公路客運的遊覽車問題，指示台汽公司租用違規遊覽車及其駕駛。七十一年，交通部進而要求台汽租斷所有七百九十八輛違規遊覽車，並買下車齡到達八年（可報廢年限）的違規遊覽車。台汽因而購進五百六十六輛舊遊覽車，收編五百多位原遊覽車駕駛。租車政策擴大了台汽的市場，民國七十四年台汽營收高達一百零一億五千萬元，較租車前成長30%，營業用客車高達三千六百四十輛。

然而，當民國七十六年底遊覽車租期屆滿，台汽將營業牌照發還給業者之後，業者再度進口豪華雙層巴士違規營業，政府不得不同意由業者組成的統聯公司經營高速公路。同時，仍有少數業者繼續違規營業，使得高速公路客運市場成為三足鼎立的局面。於是，台汽公司的高速公路客運市場得而復失，七十八年度營收降至七十三億，較七十四年度減少30%。

對於租車政策，台汽公司內部始終認為，由於當時奉命收購舊遊覽車，以致使得台汽長期無法購買新車，喪失競爭力；又為購車而向銀行貸款二十四億元，造成日後龐大的利息負擔；台汽車種原本極為單純，僅朋馳、富豪、國瑞、五十鈴四種廠牌，租斷民間遊纜車政策大幅增加台汽所擁有的車種、車型，增加達二十餘種，造成日後維修成本大幅提升；此外，由於收編遊覽車駕駛，使得人事支出增加，這都是造成台汽日後虧損的重要原因。台汽公司宣稱，此一租車政策造

表 5.2　台汽公司年度決算員額比較表

85 年 4 月 5 日

區分 年度	駕駛員	技工	售票員	其他	合計	與上年度比較
74年6月	5,471	2,563	4,410	4,416	15,860	
75年6月	5,397	2,539	4,290	3,407	15,633	-227
76年6月	5,166	2,485	3,915	3,287	14,853	-780
77年6月	4,926	2,397	3,842	3,127	14,292	-561
78年6月	4,901	2,232	3,871	2,972	13,976	-316
79年6月	4,823	2,108	3,480	2,756	13,167	-809
80年6月	4,753	2,009	3,341	2,575	12,678	-489
81年6月	4,575	1,935	2,917	2,421	11,848	-830
82年6月	4,408	1,791	1,912	2,253	10,364	-1,484
83年6月	4,240	1,678	1,424	2,054	9,396	-968
84年6月	3,904	1,545	732	1,903	8,093	-1,303
85年6月	3,692	1,457	582	1,799	7,530	-563
86年6月	2,242	953	325	1,224	4,744	-2,786
87年6月	2,147	932	312	1,176	4,567	-177

表 5.3　台汽歷年用人費比較表

單位：百萬元

	79年	80年	81年	82年	83年	84年	85年	86年	87年
用人費	5,683	6,303	6,722	7,065	6,231	7,951	6,681	4,974	5,046

註：用人費含負擔月退休金及當年度員工一次資退費用。

成台汽二十四億元的損失。其實，當初交通部擬定租車政策的前提是試圖維持台汽在高速公路的獨占地位，對當時的台汽而言，不算壞事。台汽公司接收高速公路遊覽車對組織內部的衝擊雖然不小，但眞正致命的轉折卻是後來政策方向改變，開放高速公路經營，以及小客車關稅降低，讓缺乏競爭力的台汽喪失市場獨占地位。

用人費高漲

雖然台汽員工人數自民國七十四年的一萬五千八百六十人逐年遞減，但用人費（含負擔月退休金及當年度員工一次資退費用）卻反而自民國八十年起逐年遞增。參閱表5.2：台汽公司年度決算員額比較表，與表5.3：台汽歷年用人費比較表。

利息負擔與負債

民國七十八年之前，台汽公司長短期負債大抵維持在六十億元的規模，是資本額的一點五倍，但自七十八年起，由於營運持續虧損，因此不斷對外舉債。雖然台汽以其公營身分，借款較爲容易，但是，利息負擔卻也因此逐年加重。譬如，七十八年的利息支出爲兩億八千萬元，八十一年即暴增至十一億兩千萬元。八十三年以來，利息支出則保持在十四億元的水準。

由於債務利息的負擔，再加上人力精簡的資遣費用，台汽這幾年雖然不斷的縮小經營規模與虧損規模，累積債務卻沒有減少。除非相關單位能夠設法解除台汽的債務，否則台汽的任何變革都很難奏效。（參考表2.4）。

工會

民國七十七年政府解除戒嚴令，台汽工會成立，活動力甚強。台汽公司歷任經營階層對工會的發展，則一直採取寬鬆的政策。在工會的力爭下，民國八十年政府對勞基法延長工時採取溯及既往的解釋，工會獲得空前的勝利，但台汽公司則因此必須付出約十九億元的延長工時補償金。由於工會在爭取員工權益上發揮實質作用，因此，此時台汽工會幹部士氣高昂，內部相當團結，並相當獲得會員的支持。此後，台汽工會對於台汽公司的經營也逐漸產生舉足輕重的地位，並在台汽變革過程中，成爲一股不可忽視的力量。有關工會部分，第8章還會深入討論。

外部危機

自用車快速成長

台灣地區自用小客車從七十五年起快速增長，車輛數由當年的六十六萬輛成長到八十二年初的二百五十八萬輛。自用車快速成長的結果，不但公共客運的需求因而減少，還造成行車品質的惡化，旅客轉向鐵路與航空，行車成本也因車輛使用率降低、耗油量增加、員工生產力降低而大幅提高，這樣的趨勢對客運市場占有率第一的台汽當然產生莫大的衝擊。

民營化與自由化政策

民國六十八年英國保守黨贏得大選，黨魁柴契爾夫人擔任閣揆後，積極推動「埋葬社會主義」的國營事業民營化政策，民營化代表政府公共服務活動與資產所有權的縮減。整個一九八〇年代，民營化風潮迅速席捲全球。

民國七十八年七月，行政院公營事業民營化推動小組正式成立，公營事業移轉民營條例亦於民國八十年六月經立法院三讀通過。民營化推動小組隨即在同年八月提出第一波開放民營的十九家公營事業名單，其中，經濟部所屬事業有中鋼等五家，財政部所屬者爲中國產物保險，另有省營事業包括台汽等十三家。不過，在省政府所擬定的省營事業民營化時間表中，台汽因業務狀況不佳，屬於可民營化，但爲規劃時程較長的第二類。

就在台汽面臨公司瀕臨破產與公司定位模糊之際，民國八十五年以來陸續出現如下之報導：「台塑五月正式跨足客運業市場」、「交通部國道客運路線審議委員會通過十條客運路線開放民營」、「長榮七月進軍公路市場」、「行政院公營事業民營化專案小組決議，對於連年虧損而無法移轉民營的公營事業，將採取關廠方式處理。……顯示政府推動民營化態度轉硬。……原有員工則由勞委會與退輔會負責規劃轉業。」「交通部決修法，自明年元旦起遊覽車加入客運將有條件開放。」

救亡圖存

事實上，早自民國七十六年二月，報端便曾出現有關台汽公司行將虧損的議論，而五月十日的《民衆日報》則以「期待台汽民營化與高速公路開放民營」作爲社論，不過，八月六日的《台灣新聞報》社論則認爲台汽不應民營。

日後，有關台汽公司虧損與如何提升台汽競爭力的論述，便不斷出現在報章上，而且用詞也日趨激烈，如民國七十七年十一月二十六日《聯合晚報》社論指出，台汽要拼才會贏；七十八年五月十一日《台灣日報》指出，台汽要起死回生，就得下猛藥；同年十月二十七日《經濟日報社論則指出，台汽公司民營化才能因應未來競爭，不過，就在同一時間，台汽工會卻抗議政府打算將台汽列入第一波民營化名單。

民國七十七年十二月，徐享能就任台汽總經理，打破以往空降部隊的慣例，可見主管機關不但已經正視台汽的經營困境，也試圖以專業人才來解決這個問題。然而，台汽虧損的現象，並沒有因爲新任總經理的專業背景而馬上改善，仍然進一步惡化。至民國七十八年六月爲止的年度決算顯示，七十八年度台汽虧損十四億兩千萬餘元，比七十七年度的八億三千萬餘元，虧損幅度大幅提高70％。

民國七十九年二月，省交通副處長江清馦奉命就任台汽董事長。江董事長臨危受命，顯然他已決定要迎接整頓台汽的挑戰，也準備以大刀闊斧的方式解決台汽的虧損問題，並建立起出缺不補的人事政策。

於是，台汽擬在三年內大舉裁減四千五百七十八名員工的計畫，隨即在七十九年十二月十四日見諸報端。省交通處也指出人事包袱是台汽轉爲民營的最大障礙。交通部同樣指出，以當前趨勢看來，民國八十一年台汽資本將虧損殆盡，不過，公司裁員時切記要與員工充分溝通。省府並於次年三月通過台汽的三年人事精簡計畫。

八十一年三月，徐總經理調公路局副局長，由時任公路局主任秘書的原紹曾接任台汽總經理。原總經理上任後公開指出，依公司法規定，公司累積虧損達資本額一半就可宣告破產，而台汽連年虧損，賣地償債總不是辦法，釜底抽薪之計，是「以破產救危機」。不過，原總經理隨即解釋，他所謂「以破產救危機」的意思，其實是要提醒公司員工與上級主管單位，台汽不能陷在賣地償債的惡性循環，必須儘早謀求一個徹底的解決之道。他認爲，台汽客源減少是無法挽回的事實，他的責任是縮小虧損；在經營政策上，他要延續早先的多角化經營及場站土地開發政策，並節省開支、減少浪費，並且期待上級單位儘早決定台汽的歸屬。八十二年六月，江董事長奉調省府副秘書長，時任人事處副處長的陳武雄繼任。八月，原紹曾自總經理職位退休，陳武雄請陳傳楷副總經理代理總經理。

九月，受託診斷台汽經營狀況的中華開發公司，初步提出將台汽的土地、站場與路權一併開放的民營化方案；十二月，台汽民營化方案出爐，建議將台汽分割成數個公司，或僅經營高速公路；同時，省府爲解決台汽破產之危，終於同意增資，紓解台汽困境，但同時要求台汽須於八十三年六月底前，研擬分區開放民營的辦法。

八十三年二月，省議會同意增資台汽五十億元，台汽破產危機暫告解除。董事長陳武雄於此時指出，增資五十億後，台汽仍需繼續出售閒置土地，如此，營運可以再支撐一年多；而分區分階段將低績效區域移轉民營的「局部民營」，和成立「台汽客運管理局」才能挽救台汽瀕臨瓦解的噩運。不過，時任省政府台汽整頓專案小組召集人的江清謙，則裁決台汽整頓應以分階段全部民營的方式進行。

有鑑於台汽民營化逐漸獲得各方人士與輿論的支持，民國八十三年三月二十六日，台汽工會反對台汽民營化與強制資遣員工的消息首次見報，工會成立危機處理小組。四月十二日，台汽工會動員員工赴省議會陳情，要求議會不許台汽任意裁員及開放路權。九月初工會再度發動兩百餘人赴省府陳情，要求將整頓方案撤回重議，並揚言在年底省長選舉時發動反輔選行動。九月底，由時任省府秘書長的林豐正主持台汽整頓方案座談會，要求台汽公司於三個月內重新研擬方案，並應邀工會代表參加。十二月十五日，交通處長鍾正行主持台汽整頓方案座談會，提議在民營化實施之前，先於兩年內完成組織二級制改革。

雖然八十三年年初台汽才獲得省府增資五十億元，但由於此時台汽每月仍以四至五億元的速度虧損，台汽的資金週轉仍然十分困窘。八十三年年底，台汽竟然發現年關難度，而緊急向省府調度十億元應急。

省長大選後，省長聘請中國生產力中心總經理石滋宜為省府科技顧問，並指派其協助台汽改革。八十四年三月，石滋宜主持台汽業務改進方案會議，會中擬議台汽以中短途運輸為主，運輸效率在25%以下的路線限期釋出，未來以二千輛車為經營規模，洗車及四、五級保養工作則外包。

石滋宜在有關省營事業單位整體評估報告中也指出，根據專案小組的評估與瞭解，民營化腳步有必要加速推動；省交通處長鍾正行也於會中表示，同一路線有民營客運業並行者，如果台汽的運輸效率不及25％，將一律停駛，由民營業者取代，預計六月開始將釋出一百七十八條原爲台汽經營的路線，人事也將進行必要的調整，以便藉由減量經營來爲民營化作準備。同時，中國生產力中心也於八十四年五月十六日至十八日邀請台汽公司一級主管與工會代表舉辦策略共識營，會中達成縮小經營規模，組織扁平化、人員優惠精簡與多角化的共識，但工會仍反對路線釋出與縮小經營的政策。因此，台汽工會仍於五、六月間發起路線保衛戰，聯合地方民意代表反對省府釋出台汽路線，要求台汽繼續爲當地民衆提供服務。

台汽公司內部則於此時積極爲省府要求的二千輛車、每車二・八九七人、全公司留用五千七百九十四人的規模進行準備，於年底將「站場員額配置標準表」呈報省府，並據以進行人力盤點。

何去何從

各方意見

◆台汽客運通訊

台汽內部的重要刊物「台汽客運通訊」，在八十三年元月出刊的第一百期刊載了署名爲台汽人的文章，細數台汽的問題並提出兩點重要主張，精彩又有見地。他指出，台汽的主要問題有五：

1. 獨占時期僥倖快速成長。
2. 競爭局面逐漸萌芽，遊覽車業者非法營運。
3. 處理違規遊覽車決策錯誤，公權力不彰。
4. 高速公路嚴重堵塞，乘客卻步，野雞車又惡性競爭。
5. 歷任高階主管多持過客心態，致各管理階層人事素質普遍偏低。

作者所提出的兩項主要建議是：

1. 以平常心看待工會，使工會成爲管理上的助力。
2. 救亡圖存之道在大幅撤編經營架構，精簡用人，建議裁撤五個運輸處、大幅裁併車站、裁撤機料廠、票證所，並改善營運管理方法，包括廢除勞民傷財、令人歎爲觀止的官樣報告。

◆公司定位公聽會

八十三年七月，省交通處舉辦第一次台汽公司定位問題公聽會，與會人士包括交通處長鍾正行、專案小組（陳武雄、陳傳楷、周滄淵省議員）、交通部運輸研究所所長張家祝、學者專家六人，以及公司董監事、經理、工會代表等，會議長達六小時，發言熱烈。與會人員多數同意台汽公司的定位是服務性與政策性的公共交通事業，但對於現階段政府應如何支援、輔導台汽，則意見紛紜，人人言殊。董事長陳武雄指出：「現在台灣有兩大公營交通系統，一爲鐵路，一爲台汽，台鐵虧損更甚於我們，但因爲我們改制爲公司，所以瀕臨破產之困境，就一個公用服務業來論，改爲以營利爲目的的公司有待商榷。……今天本公司有明確、具體之努力方向，就是拯救台汽。自我到任以來，個人發現本公司問題固多，但最大癥結在於債務太多，一天光是利息就要三百多萬，…我的具體目標是，第一年減少虧損十億八千萬，第二年加倍減少，第三年減少虧損四十億兩千萬，達到收支平衡…本人就現階段對台汽公司應如何有效支援與輔導有幾項建議：…本公司組織扁平化，如裁撤票證所、機料廠；五個運輸處併爲三個運輸處等積極辦理；人事精簡則依規定辦理。」

◆灰狗巴士的借鏡

民國八十三年九月，台汽蕭副工程司提出公費留美考察的心得報告：「美國灰狗巴士管理模式與業務革新」。文中指出，美國灰狗巴士是全世界規模最大，美國唯一的全國性客運公司。但由於美國自用車快速成長，公路汽車客運乘客以中下階層爲主，而且一般客運業載客率都偏低，營收不佳。灰狗巴士於一九九〇年出現鉅額虧損，工會則因要求調整待遇未遂，發動全面罷工，灰狗公司採取強硬措施開除全部參與罷工之員工，同時大幅精簡人力裁併機構，並辦理公司改組增資，歷經四年改革而終於擺脫困境，營收回穩。

◆運輸學會的研究報告

八十四年十一月，由省政府研考會委託中華民國運輸學會辦理的「台灣汽車客運公司有效經營研究」報告出爐。研究結論提出有效經營台汽的短、中、長程營運策略。其中，短期策略爲提升服務品質，包括車廂內外及車站的整潔、加強行駛安全、建立形象、提供旅客充分資訊、加強車輛維修保養、檢討排班制度、檢討排班；加強人事管理、精簡人事、提高員工生產力；加強稽核、防止舞弊；拓展多角化經營業務；節省成本。中程策略則就現有組織架構予以檢討、縮減、合併、裁撤；調整營運規模、部分路線停駛或合併班次、整合相關路線班車、建立轉運措施；場站、土地出租、出售。長程策略則是改制民營。

意見領袖及其言論

台汽工會第三屆理事長包乃強認為，有關台汽何去何從的重要意見領袖有三人，分別是董事長陳武雄、交通處長鍾正行，以及時任中國生產力中心總經理的石滋宜。根據他的整理，這三個人在八十五年中的主張與態度分別是：

董事長陳武雄：

1. 請求上級補助：其中，低承載路線補貼每年八億五千萬元、員工在公路局服務的年資退休金三十三億六千萬元、交通建設基金低率貸款十四億九千萬元、省營行庫短期融資三十億元、移轉台汽使用中之台鐵名下土地以及專款補助人員優惠精簡九十二億元。
2. 自救：出售台汽現有22萬8千坪土地中的三萬坪閒置土地，撙節開支，並進行多角化。
3. 健全組織架構：縮小營運規模、組織扁平化。
4. 精簡人員為四五二〇人，如此每年將可省二十四億元人事費。

省交通處長鍾正行：

1. 台汽應縮小營運規模到車輛一千五百輛、員工四五二〇人。
2. 台汽應持續釋出載客率低於25%的低承載路線。
3. 台汽定位爲中短途一百公里以內的客運公司。
4. 普設轉運站、專營運輸本業、不宜增加多角化業務。
5. 台汽倒閉對台灣客運市場衝擊不大。

中國生產中心總經理石滋宜：

1. 台汽應釋出低承載路線。
2. 爭取政府補助。
3. 落實責任中心制塑造自我經營能力。
4. 鐵公路策略聯盟，同時，由於越是黃金路線越是虧損，所以還要整合路線。
5. 加速多角化。
6. 政府應先解決台汽二百三十億的陳年債務。

至於工會代表包乃強此時的想法與作爲，則可歸納爲：

1. 一方面一再對外宣稱，「台汽員工有共識，無論台汽如何改變，員工的工作權應妥善安排、福利應繼續維持、勞動條件不降低」是台汽變革的三項前提。
2. 另一方面透過工會會訊，以私人身分鼓吹「台汽的未來，是以顧客爲導向的運輸服務業，因此，提高服務品質是救台汽的不二法門；而脫班、肇事、拋錨都會催化台汽的早日滅亡。」

3.他指出，除非員工勞動報酬、福利、工作條件降低，否則台汽很難與民營競爭，因爲台汽每車用人3.8人，與民營客運的1.8人相較甚遠。

4.他同時也指出，民營化是時代的潮流，省交通處和石滋宜都明白表示不贊成將台汽定位爲公共服務機構，因此，他呼籲員工嘗試脫困的另一種思考空間：

(1)將台汽定位爲顧客導向的運輸服務業者。

(2)進行全體員工年資結算，以免日後員工離職條件打折。

省府、議會與台汽的互動

◆陳武雄的任命

民國八十二年五月，宋楚瑜在公館召見時任省府人事處副處長的陳武雄，請其主持台汽。陳武雄瞭解了省主席的意思後，卻馬上起立以九十度的深鞠躬禮婉辭：「報告省長，這個擔子太重，恐怕無法勝任！」，但是，宋主席認爲陳武雄有溝通協調能力，仍然請其勉爲其難，並承諾將請省府相關廳處長協助其整頓台汽，期約一年。

六月三日上午，台汽舉行新舊董事長交接典禮。努力了三年多的江董事長，終於將整頓台汽的重擔交給陳武雄。陳武雄致詞道：「民營公司用人現在是一車1.9人，而本公司是一車4.2人，可見本公司的確用人太多，應該設法降低才對。…人事精簡還要擴大辦理，不過，將採取溫和漸進的方式，請大家不要擔心。」月底，陳武雄在台汽動員月會上指出：「今天，台汽公司的最大問題是一百八十三億元的債務與虧損，要先彌平這筆數字，然後再設法減少營運虧損。…我現在的構想是，全力向省府爭取股東增資九十億元彌補往年虧損，解除財務危機。同時，希望就現有閒置資產於一年半內變賣出售籌措一百五十億元來挹注。另外，要向省府爭取無息貸款八十三年度人員精簡二四〇四人的預算十五億元、請省府向中央專案補助租車政策損失二十四億元、請省府撥補歷年盈餘繳庫之十三億元以彌補虧損。…在節流方面，盼各單位確實評估經營規模，調整組織架構。」

◆省議會的決議

對於台汽所面臨的危機，很多人都認爲應該先將台汽地位釐清之後，再做通盤的檢討。省議會交通委員會曾於民國八十五年五月審查台汽八十六年度預算時，未經審查即逕送大會，並做出附帶決議：「台汽公司應做體制的變更，改爲非公司型態之大衆公用事業機構，專責經營偏遠地區路線及其他政策性服務路線，其虧損由省庫負擔，以照顧民行，否則，八十七年度預算將不予審查。」

◆台汽的緊急因應方案

八十四年四月，台汽公司在呈送給省政府的緊急因應方案中，分析三種解決台汽困境的方案。

其中，甲案為債務移轉省府，落實利潤中心，加速民營化，乙案為改制為非公司型態之大衆公用事業機構，丙案為宣告破產。經台汽利弊分析後，認為甲案最佳。

經營階層人事異動

民國八十二年八月，總經理原紹曾退休，董事長陳武雄決定提拔陳傳楷副總經理代理總經理。八十三年三月，陳傳楷在代理總經理七個月後眞除。董事長陳武雄致詞道：「陳總經理為人誠懇，做事負責，尤其有協調溝通能力，與工會相處非常融洽。他在代理總經理期間，協助本人解決了許多問題，特在此表示謝意。」陳傳楷則說，「……其實，我在代理期間，一切都是在董事長的領導之下進行的。在代理期間，我確實學了不少東西，這些東西都是在書本上找不到的。我對董事長的領導非常肯定。例如這次向省府爭取增資一案，中間的過程就像作戰一樣，非常緊張。最後能獲得省議會同意增資五十億，很不簡單。這一切都是在董事長的統合指揮之下達成的。……我覺得本公司要化危機為轉機，必須把原來失去的東西找回來，什麼是原來失去的東西呢？一個是責任，一個是榮譽。……」

風雨欲來

變革的先聲

八十二年九月，董事長陳武雄發出「給公司全體同仁的一封信」，信中指出，台汽目前每月虧損四．五億元，預計十一月負債將超過資產，公司必須宣佈破產，因此，公司已擬定「積極挽救台汽改善經營方案」。

陳武雄的這份積極挽救台汽方案，再度提示前述他在動員月會上的構想。此外，陳武雄指示佐級以上人員八九二人，參加公司員工在職訓練，由一級主管分別講授：現階段台汽員工的角色（陳代總經理主講）、如何整頓行車紀律、如何落實開源（均出業務處經理主講）、如何落實場組工作（機料處經理主講）、如何落實人力精簡（人事室主任主講）等課程。陳武雄希望，藉由訓練接觸基層，同時也可以鼓勵主管提出構想。

八十四年二月春節過後的第一次台汽動員月會上，董事長陳武雄重提台汽每月虧損四億五千萬元，而資產只剩下十三億元，三個月內台汽又要面臨破產的問題。三月，陳武雄在擴大主管會報上，以不尋常的方式（印發兩天前的剪報資料，報上刊載政府準備讓台汽破產；印發公司法有關破產的相關條文；印發台汽盈虧數據）大聲疾呼：「台汽不能破產、不可破產、不該破產，亦不能讓它破產！」

「…本人從八十二年六月三日奉命從省府到公司來，知道公司在裁員，在整頓階段，而單槍匹馬一人來到公司，…我自己以身作則，…跟各位一起爲公司打拼，…把各位當成自己的班底，自己的親信，…苦口婆心，語重心長，好話說盡，不斷勉勵，講得重一點，就說某某人在罵人，讓我心裡很難過，誰願意這樣講重話呢？誰願意賣土地呢？土地不賣錢從哪裡來？營收又無法增加，薪水從哪裡來？從八十二年及八十三年兩次的調整待遇，第一次調6％，第二次調3％，雖然公司財務困難，我爲了照顧員工的生活安定，爲提振士氣，增進工作效率，我一人承擔，照樣給員工調整待遇，一元也沒有少過，…當初樓上的台航公司也瀕臨破產，他們是怎麼做的？是減薪啊！我有時候想一想，要讓我們同仁有危機意識，刺激員工眞正關心公司，如果薪水改月底發，一個月就可以節省一百多萬元利息負擔，…而我連這一點刺激都還沒有帶給各位，那是我擔心員工的不方便會影響員工生活。所以我不敢說對員工關懷照顧得多好，但我處處爲員工的利益設想，能做的我都盡力的做，也沒敢驚動員工。所以今天講起來，我相當的遺憾，我實在無能。」說著說著，陳武雄淚灑會場，與會主管在錯愕之餘，以鼓掌方式表達對董事長陳武雄的支持與認同。

工會的支持

八十四年五、六月間，陳武雄獲得石滋宜的支持，由中國生產力中心分別舉辦一次策略共識營與領導共識營。工會理事長包乃強在領導共識營上致詞：「策略共識營受訓完後，我到台灣轉了兩圈。我問大家一句話，台汽會不會倒？大家認爲，只要政府支持，台汽就不會倒。我說，不對！台汽短期可能因爲政府支持不會倒，但兩三年後，高速公路國道、省道全面開放，而台汽這兩年有房地產可以處理，等地賣完了，我們會不會倒呢？所以，我認爲，在客運本業方面，因爲環境改變了，必須要縮減營運規模，台汽應在這兩三年全力開拓多角化業務。這是我在上完策略共識營後已經開竅了，觀念也改變了。…不變就是死路一條。」此外，領導共識營上，曾經發生一段令人感動的插曲：學員們私下商議，推派代表起立高喊，「董事長請您不要走，繼續領導我們走向成功的未來，我們擁護您！一起爲台汽永續經營而打拼！」這項突如其來的動作，讓陳武雄深受感動，立即堅定的告訴大家，「我願意留下來，和大家一起打拼！」

以訓練代替溝通

八十四年六月底，陳武雄率副總經理及各處室幹部，分赴各運輸處舉辦「公司組織變革說明會」，會中明白指出，縮小營運規模、組織扁平化與裁撤運輸處，是公司既定政策。

此後，只要員工有講習，陳武雄幾乎不放棄任何可以向員工講話的機會。八十五年初，陳武雄繼續推動基

董事長陳武雄親自授課，灌輸員工「顧客導向」觀念，成效良好。

層禮貌服務講習課程，貫徹其以訓練代替溝通的政策。事實上，台汽員工已經十多年沒有受過訓練。陳武雄就任以來委託中國生產力中心辦理共識營，公司並陸續辦理各種訓練，陳武雄藉此機會對員工進行近三百場的精神講話。（其中，在八十五年十月起的三個月急速變革期間中，共進行一百場次。）而且，所有研討會與員工講習課程，陳武雄都親自出席，並做精神講話。

陳武雄的演講有其一貫的主題。首先，他會強調，時代改變了，這是一個自由競爭的時代，由於大多數公營事業經營改善的腳步跟不上時代的變化，目前都陷入困境。其次，他坦承告訴員工，「台汽的問題眞的很嚴重！」譬如，借款達到兩百多億元，每天單單付利息就要四百多萬元；每月要負擔月退休金四億多元；此外，公司每年必須支付年終獎金四億多元、考績獎金三億元、不休假獎金近兩億元，還要繳營業稅、地價稅兩億多元。「賣土地讓員工過日子，實在是不務正業！」有時，他一開始也會直接以問題挑戰參訓的員工，「台汽會不會倒閉？」、「什麼時候會倒閉？」

不過，話題一轉，他又指出，眼前唯一要把握的原則就是「窮則變，變則通！」至於該怎麼變呢？他說，台汽必須「精緻經營：不求大，但求好；管少，但管好」。他強調台汽將在四年間逐步將車輛減為一千五百輛，人員減為四五二〇人，並裁撤運輸處，以簡化管理層級，將人力移轉至多角化經營或充實基層，邁向收支平衡。

他告訴員工，公司將處理閒置土地、增加多角化業務，並持續請求省府還清兩百多億元前債、補助員工在公路局服務年資之退休金三十三億餘元、低承載路線虧損九億元。

然後，他會鼓勵員工要尊重顧客、要有「作生意的意識」、要有責任感、要向成功改革的公營事業看齊、要讓大家看到台汽的變革；他最後強調，「坐而言，不如起而行」，因為「成功需要積極的行動」；「希望我們攜手讓台汽公司渡過難關、衝破困境」！「共同捉住機會，讓台汽公司在我們手上迎接二十一世紀的來臨」！

回顧起來，台汽公司自從八十四年五月起，開始大規模辦理員工訓練，包括稽查人員、調度人員、隨車服務人員、站場主管、站場副主管、公司幹部與公司內部電腦人員訓練，以及和急速變革有關的策略共識營、領導共識營、種子共識營和各運輸處之基層人員組織變革宣導活動，共辦理十一種講習和訓練，二十餘梯次，受訓人員達一六六九人。這些講習訓練的重點，都放在讓全體員工瞭解台汽公司經營的現況與困境，建立進行變革的共識，並加強成本觀念與企業經營理念。由於台汽員工很久沒有參加公司講習訓練，對公司的經營狀況也停留在印象與一知半解的狀態，因此，這一系列的講習與訓練，的確對員工心理產生了無比的衝擊。

其中，五月十六日由中國生產力中心協辦的三天策略共識營，公司四十二位課長級主管全部參加，目的在建立縮小台汽經營規模、組織扁平化、人員精簡、經營多角化的共識；六月七日舉辦的三天領導共識營（四十三位站場課長級以上主管參加），和八月十六日舉辦的三天種子共識營（五十一位公司及基層主管參加），也都在於凝聚縮小台汽經營規模、組織扁平化、人員精簡和經營多角化的共識。這三次有關組織變革的共識營，不但有效建立陳董事長與公司基層以上幹部直接對話的管道，讓雙方有機會直接討論對公司的期望，更重要的是，陳董事長也在這些場合中，目睹員工在認知上的盲點與逐漸脫離現實的期待，因此，有助於其在後續的各種講習會中，幫助員工瞭解台汽公司的經營現實。正由於陳董事長在這段時間苦口婆心的親自講解，對員工心理更產生了震撼的效果，有效建立了改變的契機。

八十五年年初，台汽延續八十四年的訓練計畫，一至四月間陸續辦理基層員工訓練，包括站務員、售票員、公司人員之服務禮貌講習，以及機料人員講習、工會幹部講習和人事業務講習，共十九梯次，受訓人員一四三〇人。這些訓練除了強化台汽變革的共識之外，把重點放在凝聚基層員工士氣和培養顧客滿意的技巧上。

由於員工訓練可以讓基層員工直接與公司高階主管對話，幫助員工瞭解台汽公司的經營現實，又能提升員工工作觀念與技能，因此，八十六年五月起，台汽公司再度針對全省駕駛員推動三十次密集的服務禮貌講習，共有二四二五位駕駛員參加訓練；十二月間繼續舉辦十次站務人員服務禮貌講習，共有八三五位站務人員參加；此外，這段期間也舉辦文書處理講習、勞工安全衛生講習、服務禮儀講師培訓、站場主管業務講習，以及配合經營多角化構想的技工多角化修車講習（共十二次，九九六位技工參加）與土地開發講習，受訓人員一三九四人，全年受訓人員高達四六五四人。

八十七年二、三月間，台汽公司爲配合持續縮減規模的政策，於是再度大規模舉辦專案精簡說明會，全省共舉辦二十七場次，每次半天，說明台汽公司營運必須持續精簡的理由，以及員工權益相關保障措施，讓員工瞭解台汽公司最新的經營狀況，也爲即將進行的專案精簡預作準備。累計有二五三二人參加此一系列的專案精簡說明會，占現有員工數的53%。此外，台汽也召集工會幹部與公司一、二級主管舉辦共識營，共同討論新的站組運作模式、獎金制度的修正，並建立繼續縮小規模（精簡員額至三千人、一千五百輛車之目標），以及推動民營化的共識。

總計，台汽公司從八十四年五月到八十七年四月，三年之間共密集舉辦講習訓練一百七十五場次，與會員工高達一萬零三百三十四人次，換言之，幾乎每位員工在這段期間都曾經參加過公司的講習訓練，直接經由陳武雄董事長或高階主管口中，得知台汽公司的現況、困境與可能的未來。這不但是陳武雄推動台汽組織變革時，「以訓練代替溝通」理念的體現，更重要的是，這些講習訓練由於陳董事長的親自帶領，成功改變了員工的態度，奠定了台汽成功變革的基礎。

6

急速變革

變革方案

台汽自救方案

民國八十四年八月上旬，台汽正式向省府提出以扁平化為主旨的「組織變革策略方案草案」。這項計畫書長達六十頁，洋洋灑灑共列出十一項子計畫，包括組織規程及預算員額的修正、權責劃分暨分層負責辦事明細表的調整、工作流程資訊化、經營責任制計畫、溝通計畫、督導責任區計畫、訓練計畫、人力移撥處理計畫、辦公處所規劃、財產清點作業，以及資料檔案處理及器具搬遷計畫，其中最重要的當然就是組織結構及員額的修正計畫。

◆組織結構方面

在組織結構方面，台汽計劃將現有總公司｜運輸處｜站、場的三級制，修正為總公司｜站、場的二級制。如此，將裁併五個運輸處及其所屬的五十四個課室。同時，將現有五十個車站減少至三十二個；機料維修保養單位現有十三場、三十組及九個班，將歸併為八個維修保養場，二十六個檢修組。

◆員額方面

在員額方面，依據「台汽公司企業化經營管理實施計畫會議」決議，台汽將朝向縮小經營，

表6.1　台汽公司84年6月的預算員額、現有員額與計畫員額

	駕駛員	維修保養人員	其他	合計
預算員額	4,679 (50.1%)	2,092 (22.4%)	2,565 (27.5%)	9,336 (100%)
現有員額	3,904 (48.2%)	1,722 (21.3%)	2,467 (30.5%)	8,093 (100%)
計畫員額	3,476 (60.1%)	908 (15.7%)	1,410 (24.2%)	5,794 (100%)
現有員額與計畫員額之差額	428 (18.6%)	814 (35.4%)	1,057 (46.0%)	2,299 (100%)

以二千輛車為經營規模。同年二月，董事會決議公司員額將以每車用人二．八九七人配置。因此，公司員額應定為五七九四人，而駕駛員與非駕駛員之比例，定為六比四。台汽公司當時的預算員額、現有員額與計畫員額，分別為九三三六人、八〇九三人與五七九四人。參見表6.1。

◆人事精簡方案

依公務人員退休法、公務人員任用法及勞基法規定，台汽可以採取計畫性人員精簡，以鼓勵提前退休與資遣，但該項人員精簡人力不得低於事業現有員額20％或一千人，且該項專案精簡員額不得再予遞補或進用。

依台汽專案精簡人員處理要點草案，凡是專案精簡人員（無資位）一律加發一個月預告工資及六個月薪給（依勞基法工資計算發給）；此外，專案精簡人員於退出原參加之公保或勞保，除得請領公保養老給付或勞保老年給付者外，其所損失之投保年資，比照各該法規定之給付標準補償其損失。

預估本次專案精簡所需經費七十七億餘元，另保險給付補償金十四億餘元，參閱表6.2及表6.3。

表 6.2　台汽組織變革（扁平化）人力精簡專案經費估算明細表

84 年 12 月 6 日

	職稱	佐級以上	業務士	技術士	總計
	薪級	490	270	320	
	年資	20	16	16	
勞基法施行前	年資	10	10	10	
	基數	20	20	20	
勞基法施行後	年資	10	6	6	
	基數	15	11	11	
平均工資		30,260	17,935	20,755	
		16,750	10,550	11,920	
		4,000	3,000	12,000	
		3,656	2,216	2,541	
一次退休金 = 平均工資基數		1,913,310	1,044,731	1,463,696	
優惠專案加發六個月基數		327,996	202,206	283,296	
一個月預告工資		54,666	33,701	47,216	
退休金及加發實際金額		2,295,972	1,280,638	1,794,208	
退離人數		409	1,154	2,957	4,520
退休金合計		939,052,548	1,477,856,252	5,305,473,056	7,722,381,856

說明：1. 目前預算員額為 8,864 人，營運車數為 2,578 輛，初期預擬於 86 年底，公司將縮小營運規模為 2,000 輛，並減少用人比率為每車用人 2,897 人，總計將會減少

（接續下頁）

3,070人，而成為5,794人。預擬88年度再縮小經營規模為1,500輛，比目前預算員額減少4,344人，僅餘4,520人。

2. 資退費用估算基礎：

(1)員工均以勞動基準法一次退休金方式核算。

(2)以現行(85年度)待遇，依未實施用人費率交通事業機構職員薪額及專業加給標準表核計。比照台灣中興紙業股份有限公司。

(3)優惠加發六個月及預告工資一個月，係依「台灣省政府所屬台灣省農工企業股份有限公司專案精簡人員處理要點」辦法標準計發。比照高雄硫酸股份有限公司。

表6.3　未符合請領公、勞保給付補償金額估算表

84年12月7日

資位	退離人數	公保養老給付		勞保老年給付		合計
		人數	金額（元）	人數	金額（元）	（元）
佐級以上	409	50	5,900,000	72	44,431,200	45,022,800
士級人員	4111			2,428	1,436,404,800	1,436,404,800
總計	4520	50	5,900,000	2,500	1,480,836,000	1,486,736,000

說明：1.保俸額：

公保：以535薪點295,000元計

勞保：佐級以上人員以投保薪資22級36,300元計列，
士級人員以投保薪資第21級348,000元計列。

2.補償基數

公保：以年資4年4個基數計列。

勞保：所有人員均以年資16年17個基數計列。

有關組織規程及預算員額修正計畫，預計在十月底報陳省政府審議、次年一月送省議會審查、次年六月由省府核定頒佈並報銓敘部備查後，於八十五年七月實施。而專案優惠精簡計畫，則預計在與工會研商（約一個月）、提報董事會（約半個月）、報陳省政府審議與省議會審查（約四個半月）、報陳行政院（約兩個半月）、省府核轉頒佈後，在民國八十五年七月開始實施（預留三個月彈性時間），八十六年六月完成。

省府指示

八十五年四月十六日，省府專案會議終於決議台汽在八十五年底之前，經營規模必須降爲二千輛車，每車二．八人，全公司用人五六一八人。但是，六月間，台汽接到交通處進一步函示，要求台汽必須在年底前將規模降爲一千五百輛車，每車二．八九七人，用人四五二〇人。私底下，省府官員甚至指出，如果台汽無法辦到的話，省府對台汽的下一個破產危機將採取袖手不管的態度。

六月二十五日，台汽工會發動成立以來最大規模的集體行動，召集一千三百人赴省府情願。並在面見省長時，提出省府應宣佈其對台汽的根本政策，以及員工優惠資退方案應早日實施的兩項訴求。

八月初，台汽再度接到省交通處來函，指示台汽「縮減經營規模路線處理原則」，大意包括低乘載率路線一律公告釋出、與鐵路或民營客運併行者停駛、選擇部分車站併同人、車、站場設施辦理標售。台汽公司於是據以辦理路線釋出作業，並積極催辦員工優惠資退方案。工會對此也沒有強烈反對的現象。

八月二十一日，省府首開省營事業先例，由前省長宋楚瑜先生召集副省長、省府各廳、處、會首長、公路局局長、台灣土地開發公司董事長與台灣銀行董事長、台汽董事長與工會代表，由省長主持「台汽急速變革簡報會議」，準備對台汽問題做整體而徹底的解決。

會議首先由董事長陳武雄簡報台汽「急速變革計畫」的內容，並提出請求支援事項。省長在聽完簡報及相關人員意見後，當場做了以下的裁示：

1. 路線處理方面（由三八四條縮減為一七八條）：由交通處指定副處長負責辦理路線釋出規劃；台汽擬停駛路線預告三個月，並依政府「促進大眾運輸發展方案」之補貼政策，編列預算補貼地方政府或由其委託民營業者經營。

2. 人員減少方面（編制員額由八八六五人縮減為四五二〇人）：專案精簡要點由省府人事處協調中央於一週內核復；須轉介人員由人事處轉請省府各機關及事業機構於用人時優先錄用；由勞工處辦理第二專長訓練，經費由省府專案補助，參加員工須先辦遣退。

3. 遣退經費方面（編制減少四三四五人，平均每人二百一十四萬元）：由交通處協助台汽，向交通部爭取補貼租車政策所造成虧損二十四億元之一半，其餘八十一億元由台汽以處理土地籌措，但初期由交通建設基金暫墊二十億元；此外，遣退費用不列入當期損益等帳務處理，由主計處研究協助解決。

4. 土地處理方面（總計預定出售土地二百一十三億元）：由台開公司協助台汽於一個月內選定適合處理的土地，擬定具體可行方案，並由副省長召集台銀、土銀總經理等共同研商；

員工宿舍應於協助配住人員搬遷後，納入處理範圍；若土地無法順利出售，再研議以公告現值加四成，由有關機關徵收，並以轉帳方式處理。

5.台汽公司建議改制為非公司型態之機構案（全省公營運輸機構均虧損，唯獨台汽受公司法束縛）：俟完成急速變革措施，規模縮減至合理範圍後再議。

上述裁示經提報九月二日省政會議備查，交通處並於九月二十一日再度函告台汽公司，要求台汽務必於八十五年底之前完成預定目標。

方案執行工作時程

八十五年九月初，台汽公司年初根據「站場員額配置標準表」所推動的進行人力盤點工作因省府最新指示而中斷。台汽人事室在董事長強力要求下，製作以週為單位的「急速人力精簡作業工作時程表」，並逐週記錄人員精簡的成效。

人事室製作「留用人員評比作業」，要求單位主管進行所屬單位所有員工的評分作業，排出名次，以便圈定四五二〇位留用人員名單。急速變革期間，一級主管每天開早會，逐日檢討進度。台汽人事室從九月十六日起至八十六年一月四日止，逐週列出工作具體之項目，共計十六週，參見表6.4。台汽公司所記錄的部分急速人事精簡日記表，參見表6.5。

雖然有如此細密之計畫，但整個急速人力精簡作業進度似乎仍嫌緩慢。五個運輸處的人員評比作業會議不是在工會代表的杯葛下流會，就是沒有討論結果。

表 6.4　台汽急速人力精簡作業工作時程表

85 年 9 月 12 日

時間	工作項目
9月16日-21日 第一週	一、完成前置準備工作。專案精簡處理要點相關補充規定，刊載十月份台汽通訊。 1.申請優惠資退注意事項之擬訂、會商、公布。 2.人員留用原則之擬訂、會商、公布。 3.精簡專案審查委員會之組成。 4.相關應用書表、定型書稿之訂定、印製。 5.第二專長轉業訓練之調查。 6.進行溝通協調-各運輸站、場主管。 7.各建制單位配置預算員額之確立。 二、先期發函受理員工優惠資退，甲種發行至站場相關書表隨同函送。專案精簡處理要點預擬十月一日生效，有效期間三個月至十二月卅一日截止。 三、全面清查員工留用人員審查資料。受理員工優惠資退預計九月廿日發函十月五日截止。
9月22日-28日 第二週	一、各運輸處分別舉行說明會，公司派員分赴參與。申請優惠資退案件均於十月十二日前完成審查。 二、召開精簡專案審查委員會（含各運輸處）。員工有加班應補休而未休者，責成直接主管或各站場長於員工離退時令其休畢，否則一切法律責任及賠償責任均由站場長或直接主管負責。 三、請企管中心完成資遣金、退休金、補償金計算之軟體程式設計。
9月29日-10月5日 第三週	一、完成優惠資退審查。各運輸處應即統計申退人數及核定人數電傳公司。 二、核定（轉）資退案。營運路線班次辦理調整。 三、辦理第一次人力調撥（各運輸處）。 四、第二專長轉業訓練之彙整、協調、層報。
10月6日-12日 第四週	一、擬續任人員留用審查準備工作。 二、業務處、機料處、行政室與人事室規劃留剩餘人力之處理方案，並與生產力中心協商輔導事宜。 三、召開專案精簡會議-董事長主持。 四、公司各單位預擬二級制後人員納編名單送核。
10月13日-19日 第五週	一、召開精簡專案審查委員會審查留用人員。與各運輸處納編名單核定後，人事室電傳相關運輸處。 二、剩餘人力處理方案定案。 三、規劃二級制業務人員訓練事宜。

（接續下頁）

表 6.4　台汽急速人力精簡作業工作時程表（續）

時間	工作項目
10月20日-26日 第六週	一、完成留用人員名冊及剩餘人員名冊（各輸運處報公司二份）。 二、請生產力中心協助進行剩餘人力之溝通並規劃專長轉換訓練。名冊分送各相關單位審閱。 三、發函調查各運處預擬留守人員名冊。 四、擬訂相關業務工作銜接計劃。
10月27日-11月2日 第七週	一、完成剩餘人力溝通計劃及轉發各運處。 二、溝通應用書表完成印製、裝訂、分送溝通地點。 三、各站場依經營業務調整需要實施基層人力第二次移撥作業。 四、辦理升資考試。
11月3日-9日 第八週	一、進行剩餘人力之溝通。藉由剩餘人力溝通，進行性向專長調查，並予區分及勸退。 二、轉發二級制業務人員訓練通知。 三、各單位完成訓練資料之印製、裝訂。 四、對各運輸處預擬留守人員，報請省府准予延長適用專案精簡處理要點三個月。
11月10日-16日 第九週	一、實施第一梯次業務人員訓練。 二、完成剩餘人力之移撥計劃及移撥手續。 三、召開專案精簡會議－董事長主持。 四、成立剩餘人力輔導小組－生產力中心協助指導： 業務輔導組——業務處 機料輔導組——機料處 地產輔導組——行政室 再就業輔導組——人事室
11月17日-23日 第十週	一、實施第二、三梯次業務人員訓練。 二、發佈移撥剩餘人力之人事命令。 三、發函各運輸處準備辦理八十五年年終考成。 四、配合急速精簡，八十五年考成勤惰計至十二月二日止，各運輸處於十二月二十日前完成初核報送公司。
11月24日-30日 第十一週	一、實施第四、五梯次業務人員訓練。 二、剩餘人力完成報到手續－第三次人力移撥完成。 三、各處完成財務清點，並完成財務移撥處理計畫。

（接續下頁）

表 6.4　台汽急速人力精簡作業工作時程表（續）

時間	工作項目
11月24日-30日 第十二週	一、依留用人員名冊發布二級制人事令準備作業。組織規程及4520人預算員額需奉省府核定，人事室應事前密切聯繫。 二、進行剩餘人力之各項輔導工作。 三、召開專案精簡會議-董事長主持。 四、財物料帳之處理。
12月1日-7日 第十三週	一、發布二級制人事命令。最慢於十二月卅一日前前至新單位報到。 二、完成各類移交清冊之繕造並報送公司。
12月15日-21日 第十四週	一、各運輸處除留守人員外十二月卅日前無法至新單位報到之暫駐人員應報公司核備。 二、剩餘人力工作狀況之督核及輔導。（輔導小組） 三、相關業務工作銜接。
12月22日-28日 第十五週	一、剩餘人力再輔導。（輔導小組） 二、文書檔案之處理。（行政室與各運輸處） 三、研訂搬遷作業計劃。（行政室） 四、各運輸處重要未了案件函報公司。
12月29日- 86年1月4日 第十六週	一、運輸處裁併除留守人員或暫駐人員外一律至新單位報到。完成扁平化組織，運輸處裁撤。 二、計發獎金、退休金、資遣費、補償金… 三、運輸處人員十二月份各類保費之計繳。 四、完成搬遷作業。 五、其他善後事宜。

十月，台汽配合急速變革的員工優惠資退方案終於定案，開放員工自願申請。不過，申退人數並不如預期踴躍，尤其是公司原本預計大幅精簡的運輸處職員與業務工等，申退人數並不理想。但另一方面，駕駛員中退的人數卻超過公司原定目標，並要求公司開放申退名額，一律受理登記。中國生產力中心專案人員也分赴各運輸處辦理優惠資退溝通說明會，鼓勵非駕駛員人員踴躍辦理優惠資退。到十一月六日爲止，終於有一七三九人提出申請，但仍比公司預定的目標少一九〇四人。

表 6.5　台汽公司急速人事精簡日誌表（部分）

單位：人

區分 員額 日期	駕駛員		技工		一般人員		合計	
	目標	尚待精簡	目標	尚待精簡	目標	尚待精簡	目標	尚待精簡
85.12.02	2,762	-251	644	459	1,114	776	4,520	984
85.12.06	2,762	-269	644	456	1,114	769	4,520	956
85.12.09	2,762	-274	644	456	1,114	763	4,520	945
85.12.11	2,762	-278	644	456	1,114	762	4,520	940
85.12.14	2,762	-313	644	435	1,114	717	4,520	839
85.12.17	2,762	-329	644	419	1,114	709	4,520	799
85.12.19	2,762	-342	644	412	1,114	687	4,520	757
85.12.21	2,762	-346	644	405	1,114	672	4,520	731
85.12.23	2,762	-349	644	398	1,114	657	4,520	706
85.12.26	2,762	-360	644	378	1,114	641	4,520	659
85.12.30	2,762	-397	644	348	1,114	604	4,520	555
85.12.31	2,762	-443	644	313	1,114	558	4,520	428

註：本表顯示，駕駛員申請優惠資退者超出預定目標。

過程中的互動

媒體報導

八十五年十月十四日報載，台汽公司組織規程暨預算員額修正案將於今日通過，台汽「急速變革方案」有七項建議措施：路線釋出、人員精簡、變賣土地、申請改制爲非公司型態的公務機關、政府補助大衆運輸政策、省府專案補助專業顧問輔導經費、發還繳回的一百一十四輛遊覽車牌照。十月二十七日出現一則「台汽求生，最後一搏」的報導，但記者最後仍然評論「過去已有太多次的改革計畫，最後卻多半流於空談，此次是否眞能突破困境，找到起死回生的良方，或許還要等時間來證明。」

不過，到了十一月，起初尚在觀望的員工，終於覺察這次公司精簡人事的決心，於是有人便開始訴諸輿論，尋求支援。十一月上旬，中國時報上陸續幾天刊載「裁員聲浪高，台汽員工人心惶惶」、「台汽減得過火，員工醞釀抗爭」的報導。雖然台汽辦了上百場的共識營，台汽主管會報上台汽工會理事長也都出席，台汽變革的內容理應相當透明。但是，報導中引用某工會理事的談話指出，台汽公司急速精簡措施內容，迄今都秘而不宣，而且一再更動，預期會導致勸退、逼退員工的情事，實非工會所樂見。此外，也出現「台汽決定裁撤沙鹿清水站，地方民衆民代爭取翻案」的報導。中旬，少部分員工於運輸處辦公室懸掛白布條，內容爲「台汽產業工會強姦出賣員工」、「抗議急速扁平漠視員工生死」。

公司措施

十一月二十日，董事長陳武雄促使工會辦理幹部訓練營。會中他以台汽急速變革為題，解釋急速變革的三大目標為減輕路線虧損、減少人事費用、處理土地開拓財源；並大聲疾呼：「不要台汽在我們手上破產」、「急速變革一定要成功，台汽才會有明天」。

十月十五日通過的公務人員保障法不利於台汽正在推動的人員精簡，但十二月二十六日公佈（二十九日生效）的新版勞基法，確立退休金計算不溯既往的原則，為台汽人員精簡增加莫大的助力。十二月二十日出刊的台汽客運通訊詳細分析其利弊，並提示員工，爾後營運規模縮減，路線停駛、減班，駕駛工時將減少，而加班費、各項獎金與不休假獎金都會減少，平均工資一旦降低，資退費將縮水。

工會及員工之反應

根據過去的表現，台汽工會不但能左右員工的意見，對公司經營決策的執行也有相當影響力。譬如，台汽在民國八十三年四月曾發佈人事精簡令，資遣了十二名隨車售票員，遭到工會的激烈反彈，最後在省議會的要求下，資遣令暫緩實施；次年台汽再度擬資遣隨車售票員，在工會向勞委會陳情後，公司也決定暫不發佈資遣令。因此，人事精簡目標是否能順利完成，工會的態度頗為重要。

幸好，由於工會內部對於台汽目前的改造與未來的走向都沒有形成定見，因此，第三屆理事會對於這次的人事精簡案基本上抱持支持的態度。譬如，民國八十五年六月二十五日，台汽工會爲了變革方案中的人事精簡部分，曾經到省政府抗議，但並非對人事精簡本身或台汽民營化政策進行抗爭，而是要求省長承諾給予資退員工優惠條件。

當然，在精簡方案的形成過程中，工會與公司之間還是發生一些插曲，譬如，公司曾經在六月擬定三七七七人的人事精簡目標，經工會嚴重抗議而回復爲四五二〇人。工會認爲，這是公司試探工會反應與容忍底線的做法。此外，在精簡方案執行過程中，也發生工會質疑公司決策的情形，譬如，公司在十一月十三日發佈了一項命令，大意是爲了改善公司財務結構，自八十五年十一月一日起，延長適時加班費將全面停發，如有加班均用補休方式辦理。此一命令在工會理事會議的強烈不滿聲中，經請示正在省議會備詢的董事長後，暫緩實施。

由於本次專案優惠資退和人員評比作業均引發諸多問題，且省府對台汽在急速變革後的營運定位政策，仍然模糊不清，如急速變革後期，公司又傳出台汽將繼續縮減規模爲一二三條路線、一千五百輛車、三千人，遂引發工會會員反彈，工會理事會乃決議趁十二月二十四日議會總質詢時，赴省議會面見省長。

十二月二十日，台汽工會發出通告，擬發動一千二百名員工到省府詢問台汽急速變革目標達成後的定位。陳武雄獲知後，緊急召集兩位董事，並邀請石滋宜同行，再三呼籲工會考慮當時省政府與省長面臨凍省、廢省的處境，不宜以抗爭手段迫使省長出面，以免效果適得其反。他們承諾將安排工會代表面見省長，並要求工會在「人員裁減至四千五百人，車輛縮減至一千五百輛，任務目標達成後，再談台汽的定位問題。」工會最後接受了陳武雄的意見。

員工爲什麼申請資退

員工爲什麼要申請資退？這個問題就跟爲什麼不申請資退一樣，答案很多，也很個人化。譬如，員工可能覺得他對公司有感情，所以不想退；或者，他需要用錢，所以不能退；也有人說，他想與公司共存亡，所以就不退了。不過，一般而言，主要的原因大約有兩個，第一，認爲留在台汽公司沒有前途，第二，優惠資退的條件還不錯。

中央研究院社會學籌備副研究員張晉芬在民國八十五年十一月至八十六年五月間，對於這個問題進行了調查。張晉芬首先經由台汽工會的協助，於民國八十五年末對台汽離職員工寄出一千份問卷，回收二二六份。民國八十六年五月，她再獲得公司人事部門的協助，另行寄出一千六百份問卷，回收三三七份，兩次問卷共獲得五六三份樣本。

她發現，台汽離職員工選擇資退的原因包括：留在公司沒有前途、家人決定、需要用錢、年資已到與年齡因素。參見表6.6。

張晉芬也讓答卷者自行塡寫離職理由，她發現，有些員工認爲他們是在「非自願」下提出申請的。她列舉了幾個案例：「公司恐嚇我們，民營化，沒有退休金。」、「年紀大，本來不想退，但後來公司放風聲，政策對我們不利，勞保將改爲年金制。」、「怕以後情況更惡劣，怕退休金縮水，不是心甘情願要走的。」另一類意見跟工作職務或地點的更換有關：「若沒有選擇資退，要任公司調職不能有異議。」、「怕調到遠方服務。」或「公司不讓我調回南部。」但另一方面，同樣也有人表示，他們是體恤公司的處境才離職的，他們爲年輕或有家庭負擔的同僚著想，不希

表 6.6 台汽離職員工選擇離退原因

	非常同意	同意	不同意	非常不同意	沒有意見	未答者
1. 留在公司沒有前途	128 (35.6%)	144 (40.0%)	43 (11.9%)	21 (5.8%)	24 (6.7%)	202
2. 家人決定	25 (10.0%)	92 (36.7%)	66 (26.3%)	37 (14.7%)	31 (12.3%)	311
3. 需要用錢	37 (14.4%)	76 (29.6%)	80 (31.1%)	48 (18.7%)	16 (6.2%)	305
4. 年資已到	16 (6.3%)	83 (32.4%)	87 (34.0%)	57 (22.3%)	13 (5.1%)	306
5. 年齡因素	11 (4.8%)	45 (19.7%)	100 (43.7%)	58 (25.3)	31 (12.3%)	333

註：複選題，表內數字為次數；百分比係以有回答者計算。
資料來源：張晉芬(1998)，〈變調的集體聲音與個人出走：由省營客運員工的資遣檢視私有化政策的執行〉。

望他們面臨失業之苦。但是，根據台汽高階主管的說法，他們雖然有表示公司有破產的可能，但絕對沒有恐嚇威脅過員工。

當然，從主觀意願來看，大部分員工應該都會希望能在工作條件沒有大幅改變下，在台汽服務直到屆齡退休。但是，面對這個變局，在公司沒有採取強制資退措施的情況下，相信每個人還是會選擇對他最有利的方式，而結果是有三千多名員工，接近原有員工的半數，在衡量主客觀的情況下，選擇離開台汽。

急速變革成果與後續發展

八十六年二月至四月間，媒體的相關報導有「爲發展大衆運輸，大客車自今日起免收高速公路通行費」、「日統客運國道上路，往返雲林台北」、「建明客運國道上路，往返台北新竹」、「省府提出省營事業民營化時間表，除台汽在民國九十二年底前完成外，其餘十一家規劃再兩年內達成。台汽因虧損嚴重，民營化困難，第一階段對低效率路線逐步開放民營，縮小營運規模，並實施組織扁平化及精簡用人，第二階段自該公司收支平衡的八十九年起，四年內完成民營。」「台汽今年一月公告的一五八條路線，一三九條正式停駛」、「台灣省政府交通處表示，有鑑於國內交通環境的變化，未來國內運輸發展策略是，鐵路以中長程及大宗貨物爲主，公路以中短程爲主，海運以離島及貨櫃運輸和旅遊爲主，空運以區域間及離島高速運輸爲主。今年四百輛全新自強號陸續加入營運，新購八百一十輛通勤電聯車陸續加入營運。推動公路汽車客運路線民營化。」可見台汽的經營環境不但未見改善，甚至隨著客運市場的繼續開放與鐵路競爭力加強，而更趨嚴峻。

事實上，八十五年七月至八十六年二月，台汽公司營收四十三．九億元，支出五十五．六億元虧損十一．七億元，歷年累計虧損一三六億元，業主權益僅餘三千餘萬元，又再次瀕臨破產，而且，八十六年以來每月仍以兩億元的速度虧損。

八十六年四月十五日報載，省長宋楚瑜在省政會議中再次肯定台汽公司在執行組織急速變革方案所獲致的成果。台汽經過這幾年的努力，公司員額自民國七十九年的一萬四千多人，縮減至目前約四千五百人，未來計畫再進一步調整至三千人，同時配合人員精簡，公司也將組織層級扁平化，把原來的三級制改爲二級制。前省長宋楚瑜先生表示，這些改革成果能在平和理性溝通過程中完成，實爲難能可貴，也可作爲公營事業轉型民營化的範例。

八十六年四月廿二日，台汽公司以最速件呈送省交通處一份正式公函，主旨爲：「本公司擬改制爲非公司型態之大衆公用事業機構，並請准予變更機構銜名爲台灣汽車客運管理局。」

台汽公司呈送此一函件的主要依據是，民國八十五年五月十四日省議會審議八十六年度營業預算之審議意見：「台汽公司營運年年虧損，以變賣土地資產改善財務之計畫，亦因房地產景氣低迷無法落實，導致該公司嚴重財務危機。請省政府對其財務結構做一次徹底評估，如確實不能改善則應做體制變革，改爲非公司型態之大衆公用事業機構，專責經營偏遠地區路線及其他政策性服務運輸任務，其虧損由省庫負責，以照顧民行，否則八十七年度預算不予審查。」以及台汽公司董事會第六屆第十八次的決議辦理。顯然，董事長陳武雄環顧台汽經營現實，正根據其早期主張，並回應工會要求，在成功完成急速變革之後，伺機提出此一改制要求。

當然，讓台汽公司改制爲公用事業的建議，在民營化政策風潮下，並不那麼容易被接受。而台汽公司爲了上述甲案預作準備，乃於八十六年六月出刊的台汽客運通訊上指出，台汽收支要平衡，必須再縮減一七四四人，但同時也以廣告的方式表達員工心聲：「將台汽公司體制改爲非公司型態大衆公用事業機構。」

八十六年四月廿四日，董事長陳武雄向賴副省長作簡報，簡報內容除有關台汽急速變革執行成果之外，更迫切的問題還有「緊急因應措施」。其主要內容包括：

◆急速變革執行成果部分

1.至八十五年十二月底共精簡四〇一九人，迄八十六年三月底，再精簡五十三人，共精簡四〇七二人，達成目標率93.7％，尙待精簡二七三人；八十五年九月專案呈報轉介人員名冊一〇五一人，迄三月底完成轉介三十九人，其中，轉介鐵路局四七六人，鐵路局初步遴選三十一人，惟商調手續尙待辦理，餘四四五人仍請協助同意轉介。

2.第二專長訓練於八十五年十一月中陸續開訓，受訓人員一二七人。

3.爲配合人員精簡，將組織層級扁平化，把原三級制改採二級制，裁撤機料廠、票證所；並於八十五年十二月卅一日結束5個運輸處業務；另將50個車站歸併爲24個車站利潤中心；14個維修場縮減爲6個維修場利潤中心；由總公司直接與30個站、場利潤中心連線作業。

4.原有三八四條營運路線已公告釋出二〇七條，並順利釋出五十七條；將繼續公告釋出一五〇條路線。六個月後仍無法釋出之路線，將請政府補貼行駛。

5.全面清理土地資產共有六八八筆，二十二萬坪。其中28處三三九四二坪閒置土地擬出售，已出售閒置土地4處五九五九坪，總價二二．五億，規劃合建開發車站五一四五坪，財務效益七十億。

◆緊急因應措施部分

1.爲避免公司業主權益歸零，長期台鐵代管幾處土地移交台汽，可增加業主權益五．二億元。

2.請省府補助收購遊覽車之虧損二十四億元，以汰換新車。

3.提出根本解決台汽問題三方案，包括甲案：將台汽體制改爲非公司型態大衆公用事業，員額由四五二〇人減爲三千人；乙案：台汽債務由八十六年六月起，移轉省府一次解決，讓公司從零基點開始，加速民營化；丙案：依公司法規定申請宣告破產，並建議採行甲案。

此次會議結論爲「台汽公司採繼續縮小經營規模，逐步民營化方案」辦理。

【參考書目】

(一)張晉芬（1998），〈變調的集體聲音與個人出走：由省營客運員工的資遣檢視私有化政策的執行〉。

7

公營事業民營化與企業化經營

文獻探討

民營化理論

◆公營事業改革目標與改革方向

公營事業向來承擔許多政策任務與社會責任，在公營事業移轉民營之後，是否仍能夠負擔過去的政策任務，則視其改革措施而定。民營化的目標與民營化措施應該能夠相互結合，不同的目標有不同的民營化措施可以相互配合。如果將公營企業改革目標分爲效率性目標、正義性目標、政策性目標，則公營企業的改革方向就會有私有化、民有民營、國有或公有等不同改革方向。

若是改革目標是效率化，則公營事業應該走向私有化，政府應該完全退出企業活動，不再干預市場；若改革目標是正義性目標，則改革的訴求是站在社會大衆的立場，與社會主義的理念較契合，應採用將股權平均分配給社會大衆，委託專業經營團隊，爲社會大衆謀福利的民有民營型態；若是採政策性目標，則這樣的目標是站在國家主義的角度，由治權的觀點把公營事業視爲施政工具與手段，改革方向除了改善經營績效以外，仍會維持國有或是公有的型態。

公營事業民營化政策是改革公營事業現況的一項政策，但是在現行法規中，除了所有權移轉以外，看不出我國民營化措施所著重的目標爲何；因此，有必要先瞭解針對公營事業進行改革的

表 7.1　公營事業改革目標與改革方向

改革目標	目標內涵	改革方向
效率性目標	經營效率化 企業生存與發展 整體資源效益化 市場發展合理性	私有化
正義性目標	社會公平分配 保障員工權益 排除特權與壟斷	民有民營
政策性目標	國家發展政策 國家權益保護 社會安定與福祉	國有或公有

目標，屬於效率性目標、正義性目標、政策性目標中的那一個，然後才能夠以相關的改革措施加以配合。

劉常勇爲國有事業設計一套改革的過程模式，可以適用於公營事業進行民營化的參考。他所要強調的是，國營事業的改革主要可以有下列四種模式：政府與企業分離型、民有化型、私有化型、結束營業型。不同型態的改革，配合上不同的情境，如：不同的政策目標、企業類型、資產規模、市場競爭壓力等，改革的過程也會有所不同。因此，在國（公）營企業改革之前，有必要先瞭解其所處的情境，以及改革方向，而後再進行企業改革。

但是，劉常勇所列出的公營事業改革目標與改革方向，以及設計的國有企業改革過程模式，有幾個問題存在：

1. 劉常勇所提出的改革目標分爲效率性目標、正義性目標、政策性目標，改革方向則有私有化、民有民營、國有或公有三種。「改革目標」與「改革方向」這兩個名詞，容易讓人混淆，也就是說

「目標」與「方向」所代表的意義其實是很近似的。若就「改革方向」的內涵來看，其實劉常勇所要說明的是，公營事業改革後，可能以三種不同的統御結構(governance structure)，或是所有權(ownership)的型態存在。分別是私有化、民有民營、國有或公有。其中私有化的所有權型態在自由經濟體制中，很容易演變爲財團化；民有民營則是要將股權平均分配給社會大衆，委託專業的經營團隊經營，即所有權與經營權分離的方式營運。

2. 另外，在劉常勇所提出的國有企業改革的過程模式中，將改革型態分爲四種，分別是：政企分離型、民有化型、私有化型、結束營業型。區分標準依據改革目標、資產規模大小、是否面臨市場競爭壓力、民間資本市場規模大小、改革壓力大小、社會穩定成熟度、公權力伸張強度等項目爲準，但是，這些標準中，有許多都不夠明確。例如：公營事業資產規模大小應如何區分，就不夠清楚。有必要再更明確的確定適用情境中，不同項目區分的標準爲何。

外國民營化措施

民營化(privatization)是指在一個計畫經濟與自由市場綜合的經濟型態之下，公營事業的資產權及其生產管理權，全部或部分轉移爲私人所有與經營。在一九六〇年代到一九七〇年代，政府的功能與公營事業的地位被過份強調，認爲公營事業不但能促進經濟發展，而且能夠維持政治與社會的安定。但是不斷擴充的公營事業，多爲受到高度保護的獨占或是寡占企業，缺乏競爭能力；在一九七〇年代中期，面對國際經濟不景氣，以及石油價格的上漲，公營事業的經營卻未能如預期的，依市場的變動作適當的調整，導致整體經濟復甦緩慢，引起學者對於公營事業經營效率的懷疑。

自從前英國首相柴契爾夫人於一九七九年（民國六十八年）開始進行公營事業民營化之後，許多已開發國家先後模仿英國的政策。如：法國於一九八六年（民國七十五年）中期，宣佈五年國營事業民營化計劃；日本亦於一九八五年（民國七十四年）之後，陸續進行民營化的措施。至於開發中國家，屬馬來西亞、智利、尼日等國，爲實施民營化較積極的國家。過去開發中國家爲主導經濟發展及求政令貫徹，多利用公營事業來達到自由市場無法達到的一些目標；但爲求增加國庫收入以減少政府的財政赤字，減少政府對公營事業虧損的補貼，增加市場競爭以提高經濟效率，或者國際經濟機構——如：世界銀行、國際貨幣基金會（IMF）——的外來壓力，亦開始實行公營事業民營化。

若就各國政府推動民營化的原因來看，政治因素——像是政治理念的轉變或是意識型態的改變，以及經濟因素——面臨經濟上的重大困難，都是導致民營化的原因。但是，各國的經濟理念與經濟困難問題各有不同，因此，民營化實行的重點、程度、範圍，也會有所不同。至於各國政府實行國營事業民營化的主要方式如下：

1. 公開標售。公開標售也是最完全的民營化方式，政府一旦出售資產後即完全不再干涉企業的經營，所以這類資產僅限於非自然獨占以及與民生、國防安全關係較低的產業。政府經由此種移轉方式所獲的收入，短期內可用以融通財政赤字或支應公共支出。

2. 股票公開上市。爲目前各國民營化最常用的方式，國營事業採股票公開上市移轉民營，並限制個人持有的股權，除可將所有權分散給社會大眾，消除反對民營化的聲浪外，亦可將股票優先配售給國營事業員工，以紓解國營事業員工於民營化時可能遭遇到的失業衝擊。

3. 開放私人參與競爭。開放民營企業參與國營獨占事業的經營，促進市場競爭，可以迫使國營事業在面臨市場競爭的壓力下，提高其經營效率。所以開放民營企業參與競爭，可以使消費者享受物美價廉的產品或勞務。

4. 採契約方式由民間提供公共服務。原本由政府提供的公共服務，如：街道清理、垃圾處理，可採公開競標方式，選取符合標準且最具效率的廠商，訂定供應契約。可以使公共服務成本降至最低，且獲得品質較佳的公共服務。

至於各國急於將國營事業民營化的原因，主要是為了：

1. 重新調整國營企業體質，提振資源利用率：國營事業往往因為管理不善，使績效不彰，人事費用亦較民間企業高出許多，造成資源利用的浪費。若開放民營加入民營企業管理制度，或許可以使國營事業漸漸擺脫虧損包袱，轉虧為盈。

2. 擴大股票市場規模，吸收民間游資。

3. 精簡政府編列，擴大民間參與層面：一方面政府機構預算受到國會控制，經費及人員配置有限；另一方面則是自由主義主張將政府權限減縮至最低，對國民經濟活動不作不必要的干預。

以下分就英、美、日國家，分別舉例說明。

◆英國

在先進工業化的國家中，推展國營事業民營化最成功的國家爲英國；自從柴契爾夫人於一九七九年（民國六十八年）執政以來，即極力推動國營事業民營化政策，將大批政府資產移轉民營。英國政府前後使用多種方式，將總資產價值約一百九十億英磅的公用設施及國營企業轉售給民間部門，其中包括英國最大的國營貨運公司、五十餘萬單位的國民住宅，以及原由英國鐵路局所經營的旅館、化學及電子公司，其中以一九八四年（民國七十三年）移轉民營的英國電信局最令人矚目。另外，英國航空公司、英國機場管理局及英國瓦斯公司等亦陸續移轉民營（英國在一九八〇年開放公路客運之後，國營的公路局並未喪失在市場的主導地位，反而在營收、降低票價、增加班次等都有長足的進步。主要的原因在於開放競爭後，帶來的市場刺激使其服務品質提升）。英國的公營事業在移轉民營時，對於員工的權益照顧方式，是以成立基金，舉辦員工訓練、協助員工轉業的方式達成，主要著重的是對於員工工作權的保障。

英國政府透過國營事業民營化獲取的資金年達四七．五億英磅，約占國民生產毛額的1.2％，該項收入使英國沈重的財政壓力得到紓緩。不過，英國政府出售國營事業的民營化方式也遭致不少批評。有的國會議員對於開放股票認購，導致英國電訊股價於發行當天上漲50％，是屬於「廉價抛售國家財產或納稅人的財產」的行爲。另外，英國政府將弊病叢生的電話事業賣給民間經營，希望可以使英國的電信事業更進步，但是民營化的結果卻是維修緩慢、設備老舊及收費高昂，導致民怨四起。另外，公營事業的資產要如何適當地評定其市場價值，亦是一個棘手的問題。經濟學家針對英國公營事業民營化的缺失加以研究，發現有兩個問題在執行民營化政策時應加以注意：

1. 公營事業在轉賣之前，應先加以改造，或除去事業中掌握特權的人。
2. 獨占事業民營化未必可以使顧客滿意，必須要促使該獨占事業具競爭力，或是將其置於一個具有強大權力的監督機構之下，接受其管理。
3. 要增進企業競爭力的主要關鍵在於市場競爭，也就是自由化應重於民營化。

◆美國

近年來國營事業民營化爲美國聯邦政府的一項主要政策，雷根總統在一九八二年（民國七十一年），簽署第一二三四八號行政命令，成立一個直屬總統的聯邦財產重整局，將價值約八十億美元的政府資產推動民營化，包括連年虧損的國營鐵路、國營電力行銷管理局等。並預計在民營化措施推行的五年間使聯邦政府支出削減約五百二十一億美元，以減少龐大的聯邦財政赤字負擔。

◆日本

日本國營事業爲數不多，且已陸續移轉民營，包括日本電信電話公司、日本國營鐵路公司、日本煙葉專賣公司及日本航空公司等四家。日本國營事業移轉民營獲取的收入，允作公債償還基金，並融通龐大的公共支出，以促進國內需求擴張。其中最爲人矚目的就是日本國鐵的民營化，也最能作爲台汽的參考。日本國鐵自從一九六四年（民國五十三年）開始有虧損，且每年營運狀況越來越糟。其財務狀況在一九八五年（民國七十四年）年度虧損是二兆三千億日圓，總負債額度達二十三兆六千億日圓；同年度日本國鐵對外借二兆五千億日圓，以一兆日圓償還舊債，一兆三千億日圓用以支付利息。日本政府為避免日本國鐵陷入以債養債的局面，決定自一九八七年（民國七十六年）四月一日起，將日本國鐵分割為六家民營鐵路公司。並成立日本國營鐵路再建監理委員會，研究執行日本國鐵民營化的方案。

根據日本國營鐵路再建監理委員會的分析，日本國營鐵路會落到年年虧損的地步，主要的原因有四：

1. 外來干預影響經營效率：日本國鐵的預算、人事、運費計算方法、重要設施投資等決策，都受到政府單位及國會的干預；且政府單位及國會的干預常常會忽視經營效率，被利用為政治的工具。
2. 喪失經營自主權，經營責任不明：由於日本國鐵受到政府及國會過多的干預，使得經營者的裁量權減少，失去經營者應有的責任感，使經營效率低落。
3. 不正常的勞資關係：日本國鐵的員工薪資由「公務員勞動委員會」決定，經營者無權決定勞方對薪資的要求，因此只能變相以改善薪資外的勤務條件來與勞方妥協。
4. 營業範圍受限制：由於公營事業不能與民爭利的條件限制，使得日本國營鐵路擁有的生產資源無法充分利用。

加上日本國鐵的組織太過龐大、各地對鐵路依賴度不同，因此採取垂直切割方式，將日本國鐵分為六家客運、一家貨運公司。國營事業的分割可以分作垂直切割與水平切割，垂直切割是按地區別進行切割，此即日本國鐵的分割方式；至於水平切割則是依不同的營業功能，如：發電、銷售等的差異，分類轉移給民間經營。

日本國鐵準備移轉民營時，日本國鐵的員工人數總共為二十七萬七千名員工，而研究評估則建議民營化之後的適當人數應為二十萬人，原有的員工數較民營化後適當的員工數，多出了七萬餘人。日本國鐵的作法是：除了鼓勵員工自動退職，給予特退職金外；也由舊國鐵繼續雇用多餘員工，協助尋找新職並給予員工轉業訓練，但是舊國鐵雇用時間以三年為限。在民營化三年之後，日本國鐵原有的剩餘員工都成功轉業，僅解雇四十七人。

我國公營事業民營化措施及瓶頸

經濟部於民國八十四年九月二十九日出版的民營化遭遇困難之研討中，經濟部國營會就民營化的政策面、證券市場問題、民營化相關法令、執行面加以探討。民營化的政策面主要討論的是民營化的目的為何，以及移轉民營對象及順序的調整問題；並討論證券市場中法令與管理以及承銷制度的問題；針對民營化相關法令進行的檢討焦點，擺在移轉民營化方式、移轉民營的優先順序、部分公營事業體制重建問題、員工權益、政府黃金股權持有等面向；就執行面則針對缺乏中央統籌協調功能，以及決策透明化原則進行討論。並在分析完現行民營化措施的缺失之後，提出具體建議。

自從我國於民國七十八年確定了公營事業民營化的政策之後，民營化的速度極慢，到民國八十年才通過公營事業移轉民營條例的修正案，至民國八十七年一月底，僅有中國產物保險、中華工程、中石化、中鋼、省三商銀、台灣企銀、台灣產險等十一家公營事業完成民營化的工作。在民營化政策執行的同時，公營事業的規模卻又不斷地在擴大，八十五年度中央政府將對國營事業釋股八十二億元，同時亦將增資一千零八十八億元，淨增資爲一千餘億元，資本擴充的速度遠較民營化的速度還快。在國營事業的轉投資事業中，八十五年度國營事業轉投資事業撤資一家，新投資六家，全部國營事業轉投資金額淨增加二十三億元。這顯示出雖然公營事業民營化是既定的政策，但是政府及公營事業本身的心態似乎與民營化政策背道而馳。以下將就我國目前民營化措施以及所面臨的瓶頸加以討論，以瞭解除了抽象的心態問題以外，具體措施的缺失在那裡，以及使民營化進度緩慢的原因爲何。

體制環境的調整

◆國家角色的扮演

在討論公營事業移轉民營的問題時，有必要先行檢討與反省的就是，國家或政府的定位爲何。前文提及我國對於公營事業設立的政策，有憲法及國營事業管理法兩個法源，對於法源制定的影響則可追溯到民生主義，以及社會主義。過去在社會主義及民生主義的影響下，憲法對於國民經濟的設計，把國家的主導力加以擴大，要「節制私人資本、發達國家資本」；其出發點是要求得經濟生活中的「公平」，避免在追求經濟效益及效率的過程中，犧牲掉個人的權利。所以才會有近似於「全能政府」的設計，將國家力量的觸角伸到社會中，以確保「平等」得以落實。爲了使國家的力量可以掌握經濟秩序的維持，也就有「公營事業」的設計；也就是說，社會主義賦予國家較多的信任，並期待以國家介入經濟活動的方式，追求經濟上的公平。

社會主義對於經濟生活要達到公平的訴求，是基於對自由主義的反動，自由主義對經濟秩序的設計，是要將經濟活動都以市場法則作爲評準；自由主義對經濟生活的設計不同於社會主義的地方，在於自由主義對於市場法則的信任與追求，公營事業的存在有違市場法則，因此有必要將公營事業民營化，以使經濟活動能夠在市場法則之下運行。近幾年公營事業民營化的風潮，即爲自由主義精神的體現。但是，「國家」與「市場」不論孰優孰劣，二者都會有失靈的情況發生，也就是「政府失靈」或「市場失靈」的可能性是並存的。在選擇信任國家以維持經濟生活動的公平時，如何克服公營事業缺乏效率的問題；選擇信任市場機制時，如何避免弱者的權益被犧牲。這項難題是執政者在決定公營事業是否要民營化之前，有必要先行思考的。

過去，台灣在威權統治的時代，國家在政治與經濟上都是居於主導的地位。公營事業也慢慢發展、擴張到各個產業別中，且脫離憲法所規範的「具獨占性的公用事業」的範圍。隨著時空的轉換，台灣宣佈解嚴，試圖要從威權統治國家，邁向民主國家，追求政治民主化及經濟自由化；因此有公營事業民營化政策的制定，爲配合公營事業民營化，則有公營事業移轉民營條例的修正與公佈，行政院也發佈公營事業移轉民營條例施行細則。公營事業民營化政策施行的同時，國家在國民經濟活動中所扮演的角色，應該有所轉變，轉變的方向有二：一是減少國家資本在市場運作，也就是要將一些不具獨占性質的公營事業民營化，或將國家資本投資撤離。二是維持市場競爭與設立規範以減少市場競爭惡果對社會造成的負面影響，例如以公平交易法或是消費者保護法來保證市場公平競爭與消費者權益，另外則是憲法中關於國民經濟的設計內容，也有必要重新修訂，以符合於國家角色與現行政策的轉變。

尤其是減少國家資本在市場運作的落實，既然國家要追求經濟自由化，減少在各層面的管制，民營化對象應該要包含所有政府投資的事業，不限於公營事業移轉民營條例所規範的範圍。同時，政府的心態應該有所調整，倘若眞的要追求經濟自由化，就應該力求政府對於國民經濟掌控力的減弱，不止是公營事業所有權要移轉民營，經營權也應該交給民間部門；避免有公營事業雖然移轉民營，但政府仍爲該事業的最大持股者，仍掌有經營權的情況。所以，配合國家角色轉變，政府的心態也應該有所改變，應該要由過去的裁決者兼執行者，轉變爲單純的執行者，並以相關法規的再行修訂加以配合。公營事業民營化不代表政府負有的責任——如：維持市場穩定及產業秩序管理——可以隨著移轉民營的過程卸下。以台肥公司爲例，過去台肥公司在政府照顧農民的政策之下，擔負提供農民低價肥料的任務，且提供的肥料價格幾乎是國際價格的一半；台肥公司民營化之後，政府照顧農民的政策是否要放棄，或是要由其他的機構去負擔同樣的任務，應是台肥民營化之前需要思索的一個問題。過去由公營事業所擔負的政策任務，在公營事業移轉民營之後，政府應如何確保日後相關的政策任務可以有效地達成，也同樣是公營事業移轉民營的歷程中，應當注意到的一點。

◆應配合法令修訂與解除管制

公營事業民營化並不是單單修訂公營事業移轉民營條例即可，綜合前文中的討論會發現，現行的公營事業移轉民營條例，對於公營事業民營化的設計並不完善，仍有待改善。整體而言，若要使公營事業移轉民營政策順利且有效率的執行，法令的修訂可分爲兩方面進行，一爲管制的部分；二爲解除管制（deregulation）的部分。法規管制主要目的應該在於避免弊端；至於法規解除管制的目的，則是要減少公營事業或是民營化政策執行時，不必要的箝制。

公營事業尚未民營化以前，對於公營事業的改革主要是要使其改善體質，提升經營績效。以國營事業爲例，應該配合修訂的法規，主要有國營事業管理法，國營事業管理法自從民國三十八年訂定頒行以來，就未再進行修訂；該法所蘊含的精神在於分權制衡，因此國營事業不僅受到主管機關的管轄，也受到司法院以外行政院、立法院、考試院、監察院的監督控制，難以落實國營事業自主化經營的理念。因此，有必要修訂國營事業管理法，減少對國營事業的法令束縛與行政干涉，並以經營績效決定事業主持人的去留，使國營事業經營得以自主化。

另外，可以減少對於國營事業組織型態的限制，國營事業管理法第七條及第十條規定，「國營事業之主管機關，依行政院各部會署組織法之規定。」，「國營事業之組織，應由主管機關呈請行政院核轉立法院審定之。」。以經濟部所屬公營生產機構爲例，有關公司之創設改制或裁併、公司章程、董事會組織規程、公司組織規程、員工名額、管理制度準則，受到國營事業管理法、經濟部所屬事業組織設置準則、經濟部與所屬各公司董事長暨經理人權責劃分表的限制，相關的組織制度都必須要經過經濟部核轉或核定後，各公司才能執行。這些使得公營事業在組織制度上，缺乏自主權，有必要重新修正改制，授予各公營事業在組織制度的設計上，一定程度的自主權。

再就公營事業進行民營化之時，相關法規加以討論。在進行公營事業民營化的同時，也要對外部環境進行整頓，使市場機能能夠正常運作，維持開放競爭的市場環境；除了使公營事業進行民營化之時，可以減少弊端之外，也使公營事業在移轉民營之後，亦能良好運作。此外，也應該對於現行的民營化措施缺失之處，以修改法令的方式加以改善。所以，不止要修訂公營事業移轉民營條例，還要針對金融法規加以整頓，並取締不法的金融投機行爲；其他並行的措施還有：證券市場整頓、公平交易法、勞工與消費者權益的保護等相關法規進行修訂。以減少公營事業移轉民營的阻力，並且保護人民的權益。

同時，爲了避免在民營化過程中，有不當遊說或是行政裁量權濫用的情事，應該制定遊說法與行政程序法作爲規範。至於民營化之後，政策執行與國家產業政策發展等議題，也應該是執政者應該要考慮到的。整體而言，公營事業移轉民營應當有一整套的措施加以配合，不僅僅是公營事業移轉民營條例的修改，還有其他相關法規的修改，以期公營事業移轉民營可以順利進行，並減少對社會造成的衝擊或影響。

民營化措施的修正

◆民營化目的

民國七十八年，當時的行政院長李煥宣佈要推動公營事業民營化後，同年的七月二十五日行政院成立「公營事業民營化推動專案小組」，並陸續宣佈將開放民營化及暫時排除在民營化之外的公營事業名單。民國七十八年十一月十六日，行政院院會通過公營事業移轉民營條例修正草案，並移送立法院審議；立法院相關委員會審議並修改後，於民國七十九年一月八日提送院會，至民國八十年五月才在院會中討論，於民國八十年六月四日三讀通過，於同年六月十九日由總統下令宣佈修正後的公營事業移轉民營條例十三條條文，作為我國實施公營事業民營化的法令依據。行政院於民國七十八年揭示民營化政策的目的為：「增進事業經營自主權，提高經營績效；籌措公共建設財源，加速公共投資；吸收社會游資，紓解通貨膨脹壓力；增加資本市場籌碼，健全資本市場發展」四項。

然而，這四項目的的設立，是基於民國七十八年時的經濟情勢所定，在當時正是國內股市交易十分熱絡，且資金充足之時，因此需要以民營化來協助「吸收社會游資，紓解通貨膨脹壓力」；但若在股市低迷之時，欲將部分公營事業以優先釋股的方式民營化並紓解通貨膨脹壓力，則顯得這樣的政策並不適宜。因此，這四項民營化政策的目的，應該隨時代背景加以調整；同時，應該要列出優先順位，或是列出長程、中程、短程的目標。

經濟部國營會所作的民營化遭遇困難之研討報告書中，即針對上述問題提出建議，認為民營化目的應隨時代背景及事業狀況的不同而加以調整：就宏觀的角度來看，應秉持「加強市場機能、減少政府干預」原則，「藉由產業公平競爭、避免私人壟斷，以提升總體資源的使用及分配效率，並調整政府角色為維持公平競爭的環境及追求財富分配平均，以兼顧經濟公平目的。」；在微觀方面，則可藉增進經營自主權，以提高事業經營績效。至於「紓解通貨膨脹壓力」及「健全資本市場發展」兩項目的，則不宜列入民營化的目的；「籌措公共財源」一項則應視為次要目的。

在反省我國民營化目的之際，由鉅觀的層次來看，應該反省的是我國未來經濟發展的目標為何；在政府於民國七十五年決定以自由化與國際化，作為我國經濟政策的最高指導方針之後，官員時常強調我國要朝向經濟自由化的方向邁進，但是，卻從未明示我國經濟自由化的目的及目標為何。經濟自由化並非要求政府由經濟事務中全面撤退，而是要求政府對經濟事務的干預方式與程度要恰當；公營事業移轉民營作為經濟自由化之下的一個子題，其目的設定應該是要配合經濟自由化的設計，但在目前經濟自由化的目的與目標都不明確的情況下，使得民營化的目的與目標也顯得不夠明確。

就微觀層面進行的反省，則是要對於我國公營事業改革的目標加以反省，究竟改革目標是屬於效率性目標、正義性目標或是政策性目標，然後再行制定民營化目的與民營化措施。在行政院於民國七十八年公布的民營化目的之中，「增進事業經營自主權，提高經營績效」是屬於效率性目標的內涵，應以私有化作為改革方向。而經濟部國營會所建議的「加強市場機能、減少政府干預」原則是屬於效率性目標的內涵，至於「藉由產業公平競爭、避免私人壟斷，以提升總體資源的使用及分配效率，並調整政府角色為維持公平競爭的環境及追求財富分配平均，以兼顧經濟公平目的。」這項建議，則又屬於正義性目標的改革內涵，應以民有民營為改革方向。因此，有必要對於經濟自由化的目標與目的、公營事業改革的方向以及我國民營化政策的目的，再行反省與檢討，再找出真正改革的方向與目的之後，再設計配合的措施。

◆民營化措施

（一）民營化方式：所有權移轉

目前有關公營事業未來規劃的具體措施，即公營事業移轉民營條例作出的相關規定；由條文內容來看，目前政府對於公營事業未來的規劃，僅有民營化的配合措施。至於民營化的方式，在公營事業移轉民營條例第五條第二項的規定中，是採「一次或分次出售股權」及「一次或分次標售資產」兩種方式；至於股權或資產之讓售，「主管機關得報請行政院核准，與特定對象以協議方式爲之」。在公營事業移轉民營條例第九條則規定，在移轉股權時，應該要「保留一定額度之股份，供該事業之從業人員優惠優先認購」。

可以看出我國在進行公營事業民營化之時，所採用的是所有權移轉的方式；相較於國際間所使用的「委託經營」、「租賃」等，以管理權或是控制權爲移轉標的的國有民營方式，我國所採用的民營化方式似乎顯得過於狹隘。至於得採私下協議方式，將股權或資產讓售給特定對象的規定，則具有爭議性，容易引起輿論的反對聲浪，也容易產生弊端；在中鋼釋股的過程中，主管機關原欲洽商特定對象認股，最後在輿論強烈要求主管機關改變作法避免弊端之下，才改爲向大衆公開徵求認股。顯示相關規定有瑕疵存在，而主管機關也缺乏良善的規劃能力。

若是單純使用所有權移轉作爲民營化的方式，無法避免財團收購移轉民營事業的股權，也很難避免財團利用取得的資產——尤其是公營事業名下的大筆土地——獲利；而大衆對於民營化走向財團化的憂慮，在於財團化有違爲改善公營事業經營效率而進行民營化的目的。不過，在公營事業民營化的過程中，由於公營事業的事業體十分龐大，因此多半需要有財團接手，才能進行民營化；要反對的應該不是財團化，而是反對特權或是利益輸送及賤賣國產之情事，重點在於民營化進行的過程中，不能有圖利任何人或是任何團體的情況發生。像是過去中華工程公司及中國石油化學公司在民營化過程中，都將其股權按議定的股價，整批銷售給特定的承銷商，使承銷商可以用低價買入股票，而小額投資人卻被摒除在市場之外。這樣的民營化方式難免被社會批評為圖利財團。在民營化政策執行的過程中，應該避免同樣的情況發生。

所謂公營事業「民營化」，即是要將原來的「公營」移轉為「民營」，而且「民營化」並不等於「民有化」，政府應該放棄原由政府掌控的人事權與經營權。所以，有必要再修訂公營事業移轉民營條例，把目前以所有權作為移轉民營標的的相關規定加以修正，加上以管理權或經營權為移轉民營標的的規定；使一些總資產低於一定金額，且虧損嚴重的公營事業，得以先採用國有民營的方式移轉民營，待其營運狀況改善後，再以公開釋股或是出售資產的方式移轉所有權。在法令未修改之前，民營化的手段則應盡量採用對大眾釋股的方式為之，以避免財團購併公營事業的弊端發生。

(二) 移轉民營順序應予重整

在進行民營化措施時，公營事業是否要列為移轉民營的對象，完全是由主管機關自行決定，並未先就不同的公營事業的性質、體質、經營績效進行檢討。在各個事業的資本規模、營運績效、產業特色、移轉民營的迫切性等條件都不同的情況下，對投資人的吸引力也有不同，加上我國目前的民營化措施僅限於資產標售與股權釋出兩種措施；倘若要將不同主管機關決定先行移轉民營的公營事業，在同時間內釋出股權或是標售資產，則會面臨國內資本有限，缺乏足夠資金購買釋出的股權和資產，而造成資金排擠效果。所以，應該要就不同的公營事業加以分類，列出分類標準，重新排出公營事業移轉民營的順序，分為可立即出售、需稍加整頓後出售、需要大幅整頓再行出售、不宜移轉民營等四類；並且配合經濟理念與憲法精神，將非屬公用事業與非屬獨占性事業，先行排定爲民營化的對象。依照排定的移轉民營順序出售或是先行整頓。

但是，一些非屬公用事業亦非屬獨占事業的公營事業，由於每年都有極高的盈餘，反而使得主管機關或是民意代表不願將其移轉民營；例如屬於台灣省的三商銀和菸酒公賣局，三商銀每家銀行每年淨賺都可達四十或五十億元，而菸酒公賣局更是省府的主要財源之一。這些既無嚴重的負債情況，又不屬於公用或獨占事業的公營事業，其實應該要先行移轉民營，卻在省議員和省政府的「重視」之下，不願將這樣屬性的公營事業移轉民營。亦有報導指出，由於公營事業可供民代進行人事關說、包攬工程及採購，而公營的金融行庫則可供民代進行資金運轉；使得原應監督民營化政策進度的民代，反而成爲民營化的阻力。民國八十七年，因爲凍省在即，省營事業開始加速民營化，三商銀才順利完成民營化。然而，一如其他國營事業之民營化，官股仍然是最大股東，並相當程度上可以主導這些事業的統御與經營。因此，如何排除公營事業主管單位及民意機關的阻力，也是公營事業民營化過程中，應該加以重視的問題。

(三) 公營事業經營績效應提振

企業的經營型態依所有權區分可分爲：國有、公有、民有、私有四種；依經營權所屬則可分爲國營、民營、私營三種；依企業型態的經營特質，則可分作八種：國有國營、國有民營、國有私營、公有民營、公有私營、民有民營、私有民營、私有私營。雖然，在國營事業管理法中規定，國營事業應依照企業方式經營，且要力求有盈無虧；但是爲國營企業最常採用的國有國營經營方式，卻是上述八種企業型態經營方式中，最缺乏效率的一種。我國公營事業即屬於國有國營的企業經營方式，也同樣的難以避免經營缺乏效率的問題。

公營事業的經營受到國營事業管理法及其他相關法令的約束，因此，其投資、借貸、增資等案件，都需要經過民意機關的同意，不僅耗時而且有時會有延誤商機之虞，這些都是對於公營事業監督和管理上必要的約束，但同時也是造成公營事業經營缺乏效率的原因之一。除了受到法規與監督機關的牽絆與制衡之外，大部分的國營事業都有下列八種現象：

1. 沒有能夠扮演企業家角色的領導人。
2. 企業普遍缺乏創新精神，也沒有能力驅動這種精神發揮。
3. 在法令限制或政策保護下，市場不明確，也缺乏競爭的意識。
4. 較被動的進行決策，趨避決策風險，更重視防弊與避開風險。
5. 資源來自政府，沒有資金籌措壓力。
6. 新開發產品行銷能力和意願不足。
7. 激勵員工的動機和功能不足，團隊力量難以有效發揮。
8. 企業有國家做爲後台，缺乏倒閉破產的憂患意識。

公營事業中一些體質不良、虧損嚴重的公營事業，難以吸引民間接管，即使要釋出股權，也難引起投資人或財團投資的意願。至於這些公營事業體質不良的原因，則可分作六項：經營績效因素、核心資源條件因素、資產規模因素、改革阻力因素、市場競爭壓力因素、經營使命因素。

1. 經營績效良好的公營事業較容易進行所有權的移轉，至於經營績效不佳的公營事業則應先提升其經營績效。

2.核心資源條件良好的公營事業較能因應市場競爭與改革帶來的壓力，改革的步調也可以較快；核心資源條件較差的企業則不具有市場競爭的條件，國家對於這類企業應該給予政策保護，或是改善其體質，或者考慮將其拍賣或是結束營業。

3.資產規模越大的公營事業改革成敗對於社會的影響也越大，應謹愼爲之，以公有民營或是民有民營爲改革方向，以避免財富集中於少數人手上。

4.改革阻力多來自既得利益者的反對與員工保護工作權的抗爭，阻力越大改革也越困難；對於改革阻力大的公營事業，可以先設法平息改革阻力，再進行所有權移轉。

5.市場競爭壓力越大的公營事業更應及早民營化，還給企業應有的經營空間與開創精神；市場競爭壓力越小的公營事業，則應逐步放開政策保護，使其回歸市場運作機制，提升生產力。

6.經營使命可分爲公共政策型、公共服務型、社會福利型、產業發展型、利潤創造型五種，公共政策型與公共服務型的公營事業應以國有或公有爲原則，社會福利型與產業發展型則適合於民有的型態，利潤創造型的公營事業則應該採私有的型態。

因此，民營化政策的內涵並不是將公營事業所有權轉交給民間而已，更重要的是在轉交所有權之前，也應該予以整頓；體質好、營運佳的公營事業，可以儘快移轉民營，至於積弊已深的公營事業，則應針對弊端加以整治，再移轉民營。經濟部國營會在民營化遭遇困難之研討報告中，便建議修訂公營事業移轉民營條例，增加「企業化經營」條款，對列入移轉民營對象的事業放寬管制，使其在一定金額以下的投資案、借貸案及增資案，擁有自主權，報請主管機關通過即可；

並且在人員的任用與精簡、採購及獎金制度方面，都授權與公司董事會，以減少束縛。除此以外，「企業化經營」的精神應該要落實，例如：脫離政策工具的角色、擺脫官僚體系對於企業經營的干預、延聘有能力的專業經理人等。同時，既然要落實企業化經營的精神，則一些過去受到獨占保護的公營事業，必須在民營化之前或是民營化的同時，就應該完全去除過去獨占保護的管制措施；以避免獨占的公營事業，在民營之後仍然是獨占，有害於消費者的權益或是企業經營績效的提升。

（四）公營事業釋股作業

由於民營化措施，採取的是釋出股權或是資產，使得證券市場的健全與否，在公營事業民營化的過程中，扮演著很重要的角色。台灣的證券市場近年來不斷地進行著改革，但是整體來說仍不能配合經濟環境的改變，尤其在法令規定及市場管理方面應該加強。在民營化的過程中，有財團使用不正當的手段取得移轉民營的公營事業的經營權後，再利用證券市場法令或管理上的漏洞，進行利益輸送，這點也造成了輿論及工會對民營化措施的反彈；所謂以不正當的手段取得移轉民營事業的管理權，有：違規收購委託書、以人頭戶做爲洽商銷售的對象、利用次級市場暗中收購股權等。因此，有必要修訂規範證券市場的基本法規：公司法及證券交易法，改善法令上的缺漏之處；並且落實公平交易法，以維護市場機制。

另外，在釋放公營事業股票時，必須選定承銷商；但在已民營化的中石化、中工及中鋼公司，進行釋股作業時，都曾因爲承銷商以過低價格獲得承銷權，引起外界對於有關單位作業過於草率，圖利承銷商的批評。若是承銷商與主管單位議定承銷股票，部分或是全部以洽商特定對象承購時，由於承銷商擁有洽商特定對象的權利，所以有承銷商幕後財團接管公營事業的疑慮。

現行釋股作業中，有關承銷券商的問題，可以考慮採用國際間慣用的承銷商集體聯合操作的方式。所謂承銷商集體聯合操作，是指由多家券商集體聯合承銷釋出的公營事業股票，由其中一家陣容最齊全的券商爲帶領者——即主要券商，其他券商爲次要券商。在承擔過程中，由主要券商負責，其他次要券商則可相互監督、分擔承購資本。因爲移轉民營的公營事業普遍具有資本龐大的傾向，若是由券商集體聯合操作，則可以分擔風險，且擁有較大的行銷網路，也可以避免承銷商幕後集團接管公營事業的弊病。

(五)釋股時機難以掌握

釋股審查程序冗長，也增加民營化時間、程序訂定的困難，由於公營事業主管單位過多，單單是上市股票的規劃作業，公文往返時間不易掌握，就很可能延誤釋股的良好時機。若以經濟部所管理的國營事業爲例，必須先由經濟部國營會進行上市規劃，再由立法院對規劃案進行審議，審議通過後，釋股時的股價訂定則需由主管機關組織的評價委員會評價後，再經過行政院及審計部同意。雖然評價委員會以市價反映資產價值，據以評定股票售價；但在股市低迷時，則會影響員工認股以及投資人投資意願偏低。造成因爲「股市不振，公股訂價過高」，無法順利釋出股權。

若參考中石化公司釋股民營化過程，會發現整個釋股過程牽涉到經濟部、行政院、中石化公司股票上市規劃小組、承銷商選定、國營會、審計部、立法院等機構，而且過程繁雜耗時。因此，如何就釋股時機、股價訂定的標準與行政作業程序之間相互配合，也是民營化措施中值得檢討的一環。

事實上，因爲公營事業股票量大，即使僅釋出一小部分，也會對股市交易造成影響——例如中鋼於民國八十四年一月間釋出股票數即達十四．四二億股；甚至會因爲公營事業股票釋出時，造成股價下跌，使投資人認爲是公股釋出造成股價下跌。雖然直接洽商特定的承銷對象，可以減少對股市交易的影響；但是，特定對象的選定具有爭議性，若是售價過低則有圖利他人之嫌。爲減少紛爭，公營事業股票在股市大量釋出時，除了以一些拉拔股市行情的措施配合之外；釋出的時機最好能夠選在股市交易過熱之時，除了抑制股市過熱的情況之外，也可以使公股能夠順利釋出。

◆缺乏統籌單位

民營化政策爲政府的重大財經政策，牽涉到龐大的公營事業移轉民營，與經濟、財政、勞工等政策息息相關；應該設立一個統籌整體政策設計的單位，除針對民營化政策影響所及的不同面向作全盤的規劃之外，也對政策執行所遭遇到的困難或是負面影響，作出因應、改善的方案。自從政府確定推動公營事業民營化之後，便將該項任務交給經建會負責策劃與推動，當時的經建會主任委員錢復，籌劃成立「公營事業民營化推動專案小組」，網羅行政院政務委員、秘書長、主計長，以及經濟、財政、交通等部部長，台灣省主席及經建會主任委員，進行跨部會的運作，並由經建會擔任幕僚工作；但是在民國七十九年五月行政院改組後，經建會主委更動，於是「公營事業民營化推動專案小組」也隨即停止活動，此後民營化政策的推動都是由各部會或主管單位推行。另有財政部國庫署負責協調各部會公開釋股時間，但協調事項僅限於承銷公股；行政院經建會就各部會陳報的法規問題，進行協調與研究。整體而言，並沒有一個統籌規劃的單位，造成各

表 7.2　中石化公司釋股民營化過程

75.11	經濟部指示研究可行性
77.03	行政院同意以股票上市民營化
78.08	行政院將中石化列入首波民營化之公營事業，中石化公司成立股票上市規劃小組
80.01	訂定第一次認股作業要點
80.06	第一次釋股19.87%每股15元
80.7.12	正式掛牌上市
82.4.26	經濟部長指示釋股量為50%
82.05	選定京華證券為主辦承銷商，國營會辦理股價評價
83.02	審計部同意股價及釋股作業
83.03	經濟部核定公開招募31%，員工認股12.3%
83.04	立法院通過中石化民營化執行計畫
83.05.17	第二次釋股每股18.4元，民股共占63.37%
83.06.20	民營化基準日開始

部會及主管機關各自為政的結果，甚至造成在市場上互相排擠的情況。

◆員工權益保障問題

(一)工作權保障

公營事業在執行民營化政策時，公營事業員工的權益保障必須兼顧，否則員工所組成的工會往往會成為公營事業民營化的阻力之一。所謂員工的權益，就是工作權的維護。中山大學國有企業研究室於民國八十三年初，對經濟部所屬十家公司的員工，以百分之一的抽樣進行全面的問卷調查，並發現員工最關心的權益項目為：工作權的維護與轉業輔導，至於金錢補償則居於員工關心事項的第四位。同項問卷調查並發現，三十五至四十四歲年齡層的員工對於工作權的保障最感到憂慮，原因在於這個年齡層的員工多半都還有家庭責任的負擔，卻又缺乏轉業的準備，也較容易會有激烈反彈的情緒產生。

就工作的穩定性來比較，民營事業追求的是效率與利潤，因此，員工的就業安全也較缺乏保障。若就民營事業與公營事業的組織結構來作比較，公營事業多以類似行政機關的制度管理，其組織結構也類似政府機關，具有分權制衡的設計，如：人事、會計及政風單位；這樣與民營事業不同的組織結構設計，加上公營事業中多有冗員，使得公營事業在移轉民營時，員工的去留與工作權的保障，成為民營化政策中極需妥善安排的一個環節。已移轉民營的公營事業，雖然民營化之後公司的盈餘增加，但是大量離職的員工，卻缺乏良好的輔導與再就業成功的實例。中石化公司與中華工程公司分別在民營化的過程中，員工縮減數額皆達六百至七百人，另外台機公司專案裁減人數則達一千七百人；一方面這些釋放出來的人力無法完全被製造業吸收，另一方面則是公營事業釋放出的人事、會計、財務、政風等行政人才，高於民間企業的需求量。所以，輔導員工轉業與再就業，實爲公營事業民營化過程中，公營事業員工眞正需要的措施。

至於我國現行法令中，有關公營事業員工權益保障的設計，見公營事業民營化條例第八條：「公營事業轉爲民營型態時，其從業人員願隨同移轉者，應隨同移轉。但其事業單位改組或轉讓時，新舊雇主另有約定者，從其約定。公營事業轉爲民營型態時，其從業人員不願隨同移轉者或因前項但書約定未隨同移轉者，應辦理離職。其離職給與，應依勞動基準法退休金標準給付，不受年齡與工作年資限制，並加發移轉時薪給標準六個月薪給及一個月預告工資；其不適用勞動基準法者，得比照適用之。移轉爲民營後繼續留用人員，得於移轉當日由原事業主就其原有年資辦理結算，其結算標準依前項規定辦理。其於移轉之日起五年內資遣者，按從業人員移轉民營當時或資遣時之薪給標準，擇優核給資遣給與，並移轉民營當時薪給標準加發六個月薪給及一個月預告工資。」

由該條規定可以看出，政府對於公營事業員工的保障，著重於金錢補償，但是卻缺乏對於遭資遣或是非自願離職員工的就業或是轉業輔導；公營事業的員工平均年齡較大，轉業有其困難，使得民營化政策容易引起員工的反彈與抗爭。公營事業要支付給提前退休或離職員工的退休金或離職金，數額十分龐大，也造成了公營事業極大的財務負擔。以中船為例，中船有七千多位員工，員工給付及補償金高達一百四十多億元；其他像中鋼達一百六十億元以上、中石化三十億元以上、中工四十億元以上、台機四十億元以上。這麼龐大的金額，都要由公司自行籌措。倘若公司本身已處於負債狀況，則龐大金額的員工年資補償金，無異會使得該公司的財務狀況更加惡化。

另外，法條中有關從業人員權益補償的相關規定，亦有說明不夠明確，容易引起爭議之處。在政策對於員工權益保障，與員工所期待與眞正需要的工作權保障內容，具有落差，加上已移轉民營的公營事業的離職員工，工作權亦未得到保障的實例；使得將要移轉民營的公營事業員工，在工作權未能受到保障，與對未來有著不確定感的影響下，對民營化政策多不具好感，並藉由工會的力量來表達不滿與爭取權益。

在目前公營事業民營化由各主管機關主導的情況下，雖有部分公營事業對員工進行輔導轉業；如：台汽公司提供員工第二專長培訓的機會，中山大學中山管理學術中心於民國八十四年三月起，與經濟部專業人員研究中心合辦「公營事業員工轉業輔導班」；卻只是個案案例，而非有統籌機構，針對所有公營事業員工進行轉業輔導，對員工而言，工作權的保障仍不夠完善。因此，有必要增訂「轉業輔導與就業訓練」條款，以減少各個公營事業移轉民營時所遭遇到的抗爭；同時，也應對於目前有關從業人員權益補償規定不明之處，再行釐清或修正。至於對員工的轉業輔導與就業訓練，可以藉由不同的管道來達成。例如：由公司針對員工的需要提供訓練，幫助員工瞭解就業市場的資訊；由公司協助員工進入民間部門；協助提供專業技能的取得，或是協助員工取得專業證照及創業知識等。

（二）員工優惠認股措施

在公營事業移轉民營條例第九條中規定：「公營事業移轉民營出售股權時，保留一定額度之股份，供該事業之從業人員優惠優先認購；其辦法由主管機關報請行政院核定之。」其立法精神在於鼓勵員工藉由認股方式參與公司經營。事實上，鼓勵員工以認股方式參與公司經營，是企業管理方式中，提升經營績效的一種方法。然而，從業人員認股優惠僅限於長期持股面額購股權，沒有價格的折扣或其他優惠，使得部分員工在取得股份後，或取得股份前，即大量拋售持股，以賺取短期價差，背離最初的立法精神與目的。應當再另行設計一些誘因，以提高從業人員持有公營事業股份的願意，落實立法精神。經濟部國營會則建議以信託的方式，將自願加入之從業人員持有股份移轉於信託之受託人，由其持有並行使相關權利；並配合以信託租稅優惠，以降低員工的投資風險。

◆公營事業民營化之後的發展

英、法兩國在進行民營化政策時，在法令之中都有「黃金股權」的設計，目的在使公營事業在移轉民營之後的一定期間內，仍得以穩健經營，並給予員工適應民間部門的緩衝期。「黃金股權」的作用界定在消極的防止某些特定事項發生，而非積極性的主導移轉民營事業的發展方向；且除了部分國防或公用事業外，其效力有一定的期限。目前我國民營化政策中，並沒有類似的配套措施，雖然就民營公用事業有民營公用事業監督條例，但是其約束範圍僅止於民營公用事業，並不具有「黃金股權」的作用。所以，爲了要維持公營事業移轉民營後，過渡期間的穩定經營，有必要模仿外國民營化作法，增訂「黃金股權」條款。

台汽公司的民營化

民營化方案

現階段，台汽已經決定在民國九十年完成民營化。相關的作法與措施，第十章會再予討論。此處先就民營化可能方案討論：

◆公有民營

讓台汽仍以公有或國有的方式存在，亦即政府擁有台汽的所有權；但是，在經營上，則另聘專業的經營團隊經營，以擺脫台汽作爲一個公營事業所面對的各種束縛。提出此一方案者，認爲台汽具有服務性質，一個公有公路客運事業的存在，一來可以繼續其服務使命，二來則可避免公路客運市場被民營業者壟斷時，對民衆造成權益上的損害。例如，由台汽專營低承載或是偏遠路線，由政府補貼部分虧損金額，並賦予經營團隊足夠的權限，以較有效率的方式經營。此外，在民營化政策的壓力之下，公有民營的方式不違背民營化政策的初衷；與員工期待由國家將台汽收回，讓台汽成爲公務機關方案較相近，也較能爲員工所接受。

然而，此一方案的執行，並不符合於現行法令的規定，在執行之前需要讓立法院先行修正現行的公營事業移轉民營條例，以便公有民營方案執行於法有據。就這點來說，具有較多的不確定性。如何建立良好的監督機制，以確保經營團隊的有效經營；公有民營是否眞能完全擺脫台汽過去的包袱，這些都是公有民營方案爲人所質疑之處。

◆路線逐漸釋出

讓台汽將所有路線逐漸釋出，台汽公司的規模也隨路線的釋出慢慢變小，待民營客運可以完全吸收台汽原有路線，且員工資遣完畢時，台汽即可結束營運。這個方案著重的是路線的民營。不過這個方案可能會造成員工的不確定感。無人願意承接的低承載路線的處理，也有問題存在。

◆資產標售

採現行公營事業移轉民營條例中的規定，將台汽的資產一次或是分批標售，將台汽的資產、路線及人員一次或是分次，移轉給民間業者。

但是，在採用此一方案時，必須要將過程公開，以避免有圖利私人之嫌；同時，也要避免發生賤價出售資產的問題。對於過去發生過的弊端，如資產標售後，業者即偏離本業經營，或是員工隨即被資遣等問題，以立法方式改善，以保障員工權益。

◆股權出售

股權出售也是現行公營事業移轉民營條例中，公營事業移轉民營的方式之一。同樣的，股權出售也可分爲與特定對象協議方式進行，以及公開在股票市場上販售兩種方法；爲避免私下協議有弊端產生，或遭致輿論批評，最好採股票上市供全民購買的方式爲之。

不過，台汽公司目前虧損嚴重，負債總額高達二百六十億元，未達上市公司標準。所以，在採行此方案之前，首要之務在於債務的處理，以及台汽本身體質的改善，力求使台汽公司具有未來發展的遠景，方能在未來股票上市之時，引發投資人購買意願。

精省下的困境

在前文中討論了不同的台汽民營化方案，不論台汽在未來將採行何種方式進行民營化，台汽都會面臨時間的緊迫問題。由於省府精簡勢在必行，使得省屬財產的處理也變得愈發重要，其中省營事業的歸屬問題也引發各界討論。台汽的民營化，不僅是有省府訂定時程的時間壓力，同時精省也會對台汽造成不小的影響。

台汽要移轉民營化之前，其現有的龐大債務必須要先行解決。目前有關精省的議題，主要在於省府未來是否具有公法人地位，亦或只是中央的外派單位；未來省府若不具有公法人地位，就產生省屬財產移轉問題。

【參考書目】

(一)王明輝(1995)，〈台肥公司民營化的再省思〉，《公營事業民營化快訊》，第五期，頁48-49。

(二)立法院圖書資料室編(1996)，《公營事業民營化》，台北：立法院圖書資料室。

(三)吳若予(1995)，〈私有化的問題與限制〉，《公營事業民營化快訊》，第八期，頁7。

(四)林哲岳、張秉熙(1994)，〈公營事業民營化之研究——民營化方式之探討〉，台北：交通銀行。

(五)張玉山(1995)，〈公營事業民營化與員工工作權保障〉，《公營事業民營化快訊》，第九期，頁21-22。

(六)張玉山(1995)，〈公營事業轉型與員工轉業輔導訓練〉，《公營事業民營化快訊》，第五期，頁26-28。

(七)陳師孟、林忠正、朱敬一、張清溪、施俊吉、劉錦添(1991)，〈解構黨國資本主義——論台灣官營事業民營化〉，台北：《自立晚報》。

(八)《經濟日報》(1995)，〈民營化的新里程碑〉，《公營事業民營化快訊》，第四期，頁1。

(九)經濟部國營會（1995），〈民營化遭遇困難之研討〉，台北：經濟部。

(十)賈鳴（1995），〈公營事業民營化政策執行評估：中石化公司個案分析〉，《公營事業民營化快訊》，第五期，頁7-15。

(十一)劉常勇（1995），〈國有企業改革模式與我國民營化經驗〉，《公營事業民營化快訊》，第六期，頁4-16。

(十二)瞿宛文（1995），〈市場愈自由愈好？〉，《公營事業民營化快訊》，第八期，頁6-7。

加裝視聽音響設備，車內椅靠、椅套全面換新。「顧客滿意、服務第一」是我們的經營理念。

旅客為尊、服務至上。

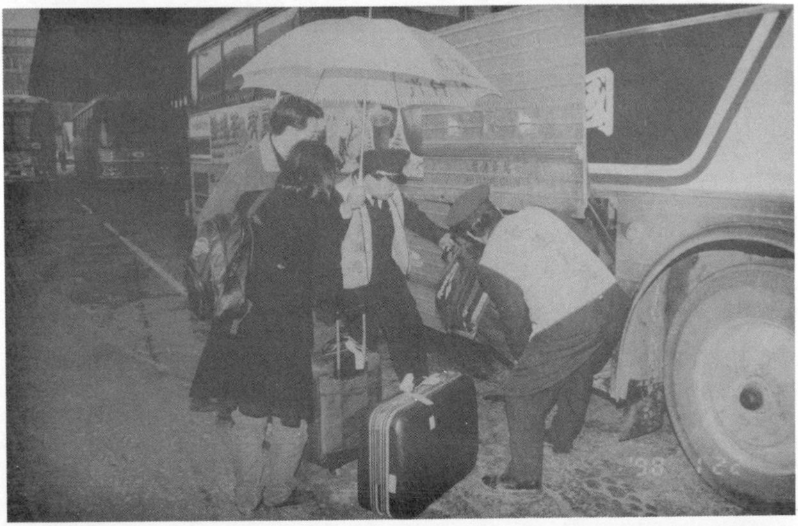

8

台汽勞資關係與工會

台灣工會發展簡介

台灣工會的發展，可以用解嚴作為分水嶺。在戒嚴時期由於戒嚴法的規範，任何遊行活動都是被禁止的，勞工也沒有罷工權；依照工會法組織的工會，也被納入國民黨的黨部控制之中，無法實際地發揮為勞工謀福利的功能。解嚴之後，民間運動開始興盛，勞工運動亦然，加上勞工自主意識的抬頭，以及對於過去由國民黨掌控的工會心生不滿等因素影響下；許多的事業機構都開始發起，要成立由員工自主，眞正為勞工謀福利的工會，工會的功能也才能夠正常運作。以下分就戒嚴時期，以及解嚴之後，工會的發展狀況簡介。

戒嚴時期

我國於民國十八年即已制定實施工會法，因此工會的成立是有法源依據的。依照工會法的規定，任何有三十人以上的企業，都必須依法組織一個工會。可見其中所具有的強制性。與工會法同時併行的，是同樣於民國十八年前後訂定的勞資爭議處理法；這兩套法律將工會納入了地方政府以及單一工會系統的控制之下，賦予地方政府介入勞資爭議的法定權力，也將勞工的罷工權納入政府的強制仲裁制度，以及刑法規範下。勞工的結社權與罷工權，因而受到相當大的限制。同時，這兩部法律也都在國民黨政府來台後，繼續延用至今。

不過，相對於法令對勞工行動的限制，工會法在另一方面也保護勞工的行動及權利。依照工會法的規定，企業分為管理階層與勞動階層，工會為代表勞動階層的組織，工會並且擁有與管理階層協商的法律地位。該法同時也對勞工的權益有專章加以保障，以避免工會及工會幹部由於從事工會活動，而有喪失工作權之虞，甚至有條件的規定，允許勞方在勞資協商破裂時有罷工權。但是，這個規定，在戒嚴時期，卻不具任何意義，因爲在戒嚴法中明訂戒嚴時期不得罷工。

在台灣光復之後，工人階級開始成立一些組織，以求改善工人的生活條件，但是，當時的行政長官陳儀隨即於民國三十四年十月十七日，公布人民團體組織臨時辦法，限制人民團體的集會結社等活動。在二二八事件中，台灣自主的勞工運動或團體，也跟著遭受到壓制。自此之後，工會的籌組，都在主管機關的監控之下，能夠籌組工會和成立工會的發起人，都是受到國民黨認可的人選；而一些有意籌組工會，以爭取勞工權益的勞工，不止成立工會的申請案，不會被批准，甚至可能會被雇主藉故開除。

在此時期內，工會的成立多半限於一些較大型的企業之中，一方面是因爲政府爲了要確保對於工會的支配權，以法律規範及行政干預來防止自發性的工會組成；另一方面則是因爲，中小企業的特性，以及勞工流動率高等因素，使得工會的籌組有困難存在。直到民國六十二年，因爲國民黨鞏固政權等考量，開始積極地扶植工會，才促成工會組織迅速成長，以及工會體系的建立。不過整體而言，戒嚴時期中，工會組織呈現出來的是一種低度發展，且高度受到掌握的現象。

在解嚴以前，工會的活動有著很濃厚的政黨色彩。因爲，國民黨瞭解勞工共同發起勞工運動時，對於政權的掌握會有不良影響，因此對勞工團體的監督特別重視。不只是以法律架設起一個形式上的架構，也利用國民黨組織與情治系統監視與控制勞動體制。並且根據中國國民黨現階段勞工運動指導方案（民國四十年）、民衆訓練大綱（民國二十五年）、現階段勞工運動指導方案

（民國五十四年），以直接利用黨的組織擴展成工會、介入籌組中的工會、吸收既有工會幹部成爲黨員、由黨員取得工會領導權等方式掌握工會領導權，並進一步直接由黨部領導工會。

雖然，工會的成立應該是要代表勞工，向資方爭取應有的權益，以保障勞工的工作權和工作條件。但是，戒嚴時期在國民黨主導下的工會，其成立目的卻不是爲了要使勞工的權益獲得保障，而是要借工會的組成，以及黨部對工會的掌控，更進一步地將其統治權力伸入民間，以鞏固其領導權。這時期的工會，在戒嚴法的約束之下，不得有罷工權；同時，在國民黨的嚴密掌握之下，也不會有罷工的行爲產生。

倘若有勞資糾紛產生，也在既有規範下，採取強迫調解與仲裁的方式解決。勞工的問題可委由工會代爲向資方陳述與爭取權益，但是當工會所要照顧的不是勞工的權益，而是執政黨的利益時，勞工可能就成了犧牲者。若是工會肯爲勞工爭取權益，也要透過「勞資評斷委員會」與資方進行調解，但是「勞資評斷委員會」的成員，是由主管機關指定的，自然成員都是以國民黨的意思爲依歸。因此，在戒嚴時期，員工的權益並沒有充分的被照顧到，雇主若是藉機開除一些員工，員工也無處可以申訴，工作權缺乏應有的保障。

此外，工會的幹部在工會內當久了，都會有腐化的問題，在許多的工會中，也都傳出工會幹部舞弊的案件。

解嚴後

解嚴後，工會運動開始興起，此時，解僱工會發起人，往往是台灣工會運動普遍面臨的第一道鎭壓。一些由勞工自發籌組工會的行動，也就在發起人被解僱後，便告暫停。然而，由於整體政治經濟環境的改變，國家對於民間社會的控制開始鬆動；一些工會自主或是籌組工會的活動，雖然會遭致主管機關或是黨部的關切或是阻撓，卻無法完全弭平勞工對於工會自主的努力與訴求，以及勞工運動的興起。

在解嚴初期，工會運動的努力方向，主要在於勞工權益的爭取，像是要求落實勞基法對於員工的基本保障等等；強調的是經濟性的福利爭取，以及超黨派的政治立場，一切以勞工福利的爭取爲依歸。一些自主性的工會運動，會藉由非由黨部或是資方提名的勞工，投入理監事選舉的方式，來影響工會會務；或者，像是台汽公司的員工，則有脫離公路工會，自組工會的作法。同時，這些自主性的工會運動大多會發生在大規模的公營事業單位，像是中油、中船、台汽、台鐵等公營事業；因爲公營事業單位，必須要依法行政，所以只要勞工的行動合法，都可採取法律途徑以避免黨部或是資方的打壓。

另外，在台灣的工會運動與工會發展的過程中，勞工運動團體也開始興起，甚至於有時會有勞工運動團體介入工會選舉的情況發生。這一點對於工會自主運作，以及工會內部的團結，有時反而有著負面的影響。工運團體可能基於己的訴求，或是理念，支援與其理念相近的人選，出任不同事業體的工會幹部；但是，很有可能所支持的人選，並不適任或是對於工會的會務及運作，缺乏相關的背景知識與能力。像這樣外力介入工會運作的情況，目前在台灣的工會界中，有不少的例子存在。

不過，在解嚴後的頭幾年中，工會運動雖然蓬勃發展，也爲勞工爭取到不少的福利；但是，近幾年來開始有勢微的跡象，主要的原因在於工會內部開始出現分裂的現象，分散力量所致。在過去所要爭取的勞工福利，多數都得以落實與改善的情況，以及目前工會內部普遍存在的分裂之下；工會未來除了應該要找到工會訴求的重點，以及發展的方向以外，更重要的，也是要盡力避免工會內部因爲分化而導致的勢力衰滅。

台汽產業工會發展簡介

本節將分作三個部分，先介紹台汽產業工會成立之前的階段，在此一階段又將分作三個部分，即台汽員工尚隸屬於公路工會的時期，台汽產業工會的籌備階段，以及代表大會的召開；接著再簡介台汽產業工會成立後的狀況，除了介紹台汽產業工會的組織之外，並就至今四屆理事長任期作簡單的介紹。最後則是要就台汽工會內部的派系紛爭加以討論。

台汽產業工會成立前

◆公路黨部時期

台汽在民國七十七年七月以前，並沒有屬於自己的產業工會，而是與台灣省公路局的員工共用一個工會，即「台灣省公路局工會」（簡稱爲公路工會）。雖然公路工會於民國四十三年四月十四日，即已依法成立，但是卻不是公路局內部員工自發性的組成工會，而是在工會法規定下，由國民黨公路黨部建立起來的。員工若要爭取權益，透過公路工會無法達成其目的，往往可能要靠員工與國民黨黨部或是情治單位的私交，才有辦法達成其目的。

◆台汽產業工會籌備委員會組成

台汽內部的員工對於既有的公路工會，缺乏信任感，因此內部有員工認爲，台汽既然已經改制爲公司，依據工會法的規定，台汽員工應該可以依法，組織一個屬於自己的工會。自從解嚴後，台汽公司內部，就開始有想要成立一個屬於自己的產業工會的聲音出現。當然，這樣的動作會受到國民黨公路黨部、公路工會主管、台汽公司主管的關切，各方長官的約談或勸阻，甚至情治單位的詢問，都可能會使一些有意發起籌組台汽產業工會的人，萌生退意。

僅管如此，台汽公司內部員工仍有強烈的意願，想要成立一個屬於台汽公司員工的產業工會。在發起籌組工會的過程中，由當時台汽員工羅華春和管鏡龍共同發起的聯署活動，就有二千多人聯署，願意成立台汽產業工會。但是，由於台汽員工分屬在全省各地，因此醞釀要籌組台汽產業工會的單位極多，總共有十一個單位送申請文件至勞委會，要求要成立台汽產業工會。於是，勞委會便協調這十一個送件單位，由每個單位各派兩個代表出來，成立一個籌備委員會，負責台汽產業工會成立之籌備事項。

由於台汽員工分散各地，除了一些有意願要籌組台汽工會的單位，成立籌備委員會之外。各地還有一些員工爲聯絡感情，有聯誼會的組織存在，這些聯誼會以聯絡感情爲目的，成員可能定期聚會或聚餐，或在一些婚喪喜慶的場合，以聯誼會的名義，致贈一些禮金或奠儀。其中又以周金指擔任會長的高雄聯誼會最爲知名，周金指是隨著違規遊覽車的收購，而進入台汽服務的駕駛員。由於周金指本人交遊廣闊，特別受到工運團體的青睞；因此，工運團體也有意要促使周金指擔任第一屆的工會會長。

◆召開代表大會

在台汽成立產業工會之前，先於民國七十七年六月三日舉行代表選舉，共選出一百零三位代表；再於同年六月十三日召開代表大會，以選舉第一屆的理事、監事、常務理事、理事長，當時整個會場可以說是非常的混亂。一方面是要注意公路黨部和主管機關的動向，避免公路黨部和公司主管有任何干預的動作；另一方面則是在大會進行過程中，會議秩序的維持問題。當時參與代表大會的代表可以粗略分爲兩派：一邊是支持周金指，並有意讓周金指當上理事長的人，這些人多半是一些過去違規遊覽車的駕駛員，同時他們的行事草根性較強，開會也不講議事規則；另一邊則是台汽產業工會籌備委員會的成員，在籌備期間負責草擬所有的組織章程和選舉辦法，這些籌備代表相對於支持周金指的人，較爲平和。

然而，在代表大會的開會過程中，會議主持卻爲支持周金指的人所主導，整個會議流程，完全不按照工會法或是議事規則進行。雖然，會議的結果，是當選理事和監事的人多半是支持周金指的人，而且周金指本人也當選上理事長；但是，這個會議的結果卻是有瑕疵的。會議結束後，共有三十四名代表聯名退出，並且就會議的瑕疵，委由律師寫了三張訴訟狀，送至勞委會。因此，勞委會也不敢承認這個會議，並且遲遲不發下周金指的人事命令。

最後，在周金指方面威脅要發動抗爭，以及當時台汽董事長徐靜淵，為了公司內部的和諧，對三十四名代表的遊說之下，三十四名代表同意將訴訟狀撤回，平息了這場紛爭。因此，台灣汽車客運公司產業工會，雖然於民國七十七年七月一日正式成立，第一屆理事長則卻遲至同年七月七日才正式就職。雖然，在台汽產業工會的成立過程中，有過劇烈的紛爭；不過，在工會界中，台汽的產業工會可說是起步得相當早；成立後，也向資方爭取各項員工權益，以及勞動條件的改善。

台汽產業工會成立

◆工會組織

由於台汽的站場遍佈全省，員工也分處各處；所以，台汽工會的總會設立在台北，再依照公司的組織結構設立分會。由於台汽員工多分散於全省各地，因此先由各分會選出會員代表，再選出理監事及勞工代表；由理事中選出常務理事，再由常務理事中，選出理事長。工會的領導人為理事長，任期為三年；總會並設有總幹事，以及工會顧問。各分會的常務理事負責處理分會的各項事務，其下並設秘書。

工會每一年召開一次代表大會，並在會議中針對重要事項，作成決議；每三年進行一次幹部改選，重新選舉下一屆的理事、監事、常務理事、理事長。所有台汽員工，除了管理階層可以有權不參加工會之外，其他非管理階層的員工都為工會的當然會員。在台汽工會會員遍佈全省各地的情況下，台汽工會的寡頭領導模式相當明顯。在台汽的全盛時期，員工共有一萬五千多名，工會的勢力相對的也十分龐大。

圖 8.1 台汽工會選舉流程

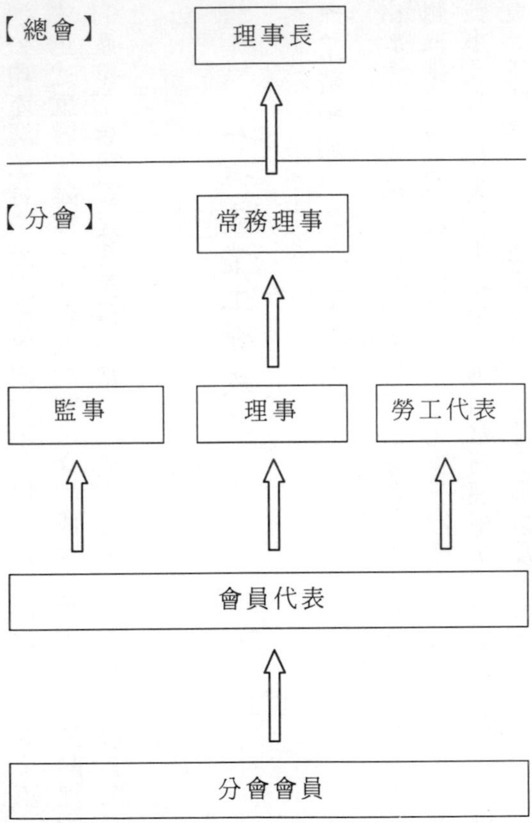

工會爲勞方代表，工會與資方的互動是否良好，以及資方對工會採取的態度，對工會的發展有一定程度的影響。以下再就工會四屆理事長任期內，工會的發展作簡介。

◆第一屆

工會第一屆理事長爲周金指，雖然在周金指就任以前，其當選資格受到強烈的質疑，但是周金指就任後，在其領導下，工會爲員工爭取了許多的福利。周金指對於法令規章以及工會的專業知識的瞭解不多，但是很勇於以抗爭的方式，向資方爭取勞工的福利。在其任內員工的權益增加許多，可以說第一屆是工會的全盛時期；同時也因爲台汽工會很勇於向資方爭取權益，所以在工會界中，也享有盛名。

台汽當時的董事長爲徐靜淵，徐靜淵可以說是相當照顧員工福利的一位董事長，對於工會或是員工的要求，只要不違法、合理、於法有據，徐靜淵很少會對工會的要求加以反對。在徐靜淵擔任董事長的期間內，工會向公司爭取到許多支援；同時，也就是在徐靜淵擔任董事長的期間內，勞基法的相關規定才得以落實。如：工會辦公室由公司撥給，並由公司每年在預算中撥錢給工會辦活動，工會代表得參加總公司主管會報，工會幹部可以不必從事站務；最重要的是，工會爭取到公休出勤獎金的補發，以及駕駛員每週工時由48小時降至44小時，這點影響已於第3章說明過，在此不再贅述。

簡言之，台汽工會成立的初期，亦是台汽工會最旺盛的時期。在此一時期，工會向公司爭取的重點在於勞動條件的改善，以及員工的基本權益。

◆第二屆

工會第二屆的理事、監事、常務理事、理事長等工會幹部或代表，於民國八十年進行改選。周金指仍有連任的意願，並且在事前作出允諾，要將理事、監事或常務理事的職務，分派給不同的人擔任；卻因爲溝通不當，以至於在最後選出的理監事及常務理事，與最初應允的名單不盡相同，並且導致希望落空的理事心生不滿，引起會場秩序大亂，配票名單也無法奏效。當周金指確定無法順利被選爲理事長之後，周金指這派的人，也不希望讓當初與他們有過磨擦的一些原籌備會委員有機會當上理事長，於是就推選吳瑞復擔任第二屆的工會理事長。

吳瑞復是民進黨勞工黨部的委員。認識他的人認爲他的特點在於，爲人清廉，很爲勞工著想；作事有衝勁，勇於表達自己的看法，而且還具有工會運作的基本常識。可以說，他擔任理事長是勞工之福。在吳瑞復上任後，他有自己的理念，不太採取或是理會周金指的意見。由於周金指雖然不能當上理事長，但是有意透過推選出的人，繼續過問工會的會務運作；卻又發現吳瑞復在會務的處理上沒有配合他的意願，因此有罷免吳瑞復的想法。由於罷免案必須要在任職的幹部就任滿半年後，於代表大會上提出，然而代表大會又是每年舉行一次。周金指便於吳瑞復就任一年後的代表大會上，針對吳瑞復提出解職案。

由於台汽產業工會的組織章程及選舉辦法中規定，職務之罷免要有三分之二以上出席代表的同意才能成立，要通過罷免案較爲困難；不過，如果是提出解職案，則只需要出席代表二分之一以上通過，即可解除職務。所以，周金指就提出解職的提議，要解除吳瑞復的理事職務；由於理事長由常務理事中選出，常務理事又是由理事中選出。一旦理事的職務被解除，其他的職務也就跟著被取消了。當天雖然向來與周金指不合的人，一直支持吳瑞復，但是同意解職的票數，還是剛好過半數一票，解職案成立。

解職後，雖然吳瑞復對於理事長的職務並不戀棧，但是吳瑞復之下的幾個常務理事，卻對代表大會的表決結果不滿。就先留住吳瑞復，並在律師的協助下，找出一個解決方法：到法院提出再抗告。法院則就此案先判下假處分：在案子尚未定案作出決定前，仍由吳瑞復對外代表台汽工會，處理會務。結果案子最後拖到第三屆換包乃強當理事長時，不了了之，由吳瑞復當滿三年的理事長。

簡言之，在第二屆期中，台汽工會內會員的對立和裂痕更加嚴重，鬧到滿城風雨，二派對立水火不容的程度。

◆第三屆

及至第三屆時，台汽工會內部的分裂，若依政黨歸屬區分，則第一屆理事長周金指是國民黨員，而第二屆理事長吳瑞復則是民進黨員；但是，在國民黨員中，除周金指外，有一些爲以前籌備會的委員，這些人與周金指不合，所以，國民黨員中又可粗略分爲兩派。在第三屆的改選過程中，選出的九名常務理事中，有四名爲民進黨籍，五名爲國民黨籍；而五名國民黨的常務理事中，包乃強爲過去籌備會的委員之一，其他的則是與周金指同一陣營的人。

包乃強於是成爲關鍵性的一票，周金指也有意與包乃強結盟，並找人以各種方法想要與包乃強溝通，讓包乃強將票投給周金指陣營支持的人選。但是，包乃強欣賞的是吳瑞復能力及才華，雖然認同周金指任內工會的貢獻，卻不認同於周金指的其他作風，反而想與吳瑞復陣營結盟。投票當天，包乃強將票投給自己，同時民進黨陣營的四個常務理事也將票投給包乃強，於是包乃強當選為第三屆理事長。

包乃強的任期為民國八十三年七月至民國八十六年七月，這段期間正逢台汽公司要進行急速變革之際。由於台汽工會曾在第二屆理事長的任內，決議通過組織由三級制改為二級制的組織精簡提案，工會也認為台汽內部存在著冗員問題；組織扁平化的政策，以及人事精簡的措施，可以說與工會的決議相符，因此沒有招致工會的反彈。

為了避免人事精簡，導致員工權益受損，因此在包乃強的任期內，台汽工會與資方配合，致力於爭取員工優惠資遣辦法的制定與落實，以及員工第二專長輔導轉業的協助。台汽工會並曾於民國八十五年六月二十五日，發動了近一千四百名員工到省府訴求；對於台汽路線釋放，與公司定位的問題，要求省府表態同時希望省府加速台汽員工優惠資遣辦法的辦理。這次抗爭也是台汽工會歷年來，規模最大的一個。至於第二專長輔導轉業，則爭取到為有意接受輔導轉業的員工，專門開班授課並取消資格限制；在訓練過程中，員工每個月可以有一萬五千元的生活費，結訓後則有兩次輔導轉業的機會。並且提供離職員工六十萬元的創業貸款。

雖然在包乃強的任內，面臨到台汽公司急速變革方案的實施，但是由於台汽資方與工會之看法相近，所以未引起工會方面的抗爭。這個階段中，工會的重點在於員工離退後的權益保障。除了發動員工抗爭，以取得省長對台汽員工工會優惠資遣的承諾以外；工會方面也致力於爭取員工輔導轉業的機會，盡力將員工離職後，失業的可能性降到最低。同時，工會方面也與資方相處得非常好。

◆第四屆

民國八十六年，工會再次改選，這次的改選過程中，包乃強遭到反對陣營的抵制，在基層選舉時並未當選。反對者於競選當天，散發對包乃強個人的攻擊文宣，這點違反了選舉罷免法。包乃強則就這點向勞委會舉發，勞委會的裁示是由台汽工會內部的選舉委員會自行裁決，此案則以散發文宣者當衆道歉的方式和解。選舉結果由蔡萬祥當選第四屆理事長。

在蔡萬祥就任後，台汽公司持續人事精簡工作，因此員工的福利保障仍然十分重要。包乃強採取與公司資方合作妥協的態度處理工會事務，而蔡萬祥則採取高姿態抗爭的方式，與資方對立，勞資關係迅速惡化。蔡理事長一開始參加過幾次公司主管會報，後來拒不出席。一方面是工會對於公司開始採取抗爭策略，與資方採取對立的立場，由於工會理事長也一度拒絕參加公司的主管會報，勞資的溝通惡化，工會因此不再能知道管理階層對於台汽的未來發展，有什麼樣的計畫。雖然資方與勞方在經過溝通之後，工會理事長恢復出席公司之主管會報，然而勞資雙方之氣氛與關係，終究有別於往昔。

另一方面則是資方也開始改變對工會的態度，對於工會的資源，一律依照工會法的規定，在過去的行政資源對工會的支持，遠比工會法的規定寬鬆。以往工會可以借調人員，專門從事會務，但是自第四屆開始，所有借調的制度一律停止，只有理事長可以專門處理會務，一切都回歸到工會法的基本規定，還有就是過去有的行政資源，一律取消。工會若有召開會議的需要，相關人員的請假問題，公司也不一定會批准。爲此，工會方面甚至到省議會去抗議過。第四屆工會的責任極爲重大，但是到目前爲止與資方之間的抗爭和對立，也是歷任以來最嚴重的一屆。但是，台汽的人力精簡將持續下去，台汽所面臨的危機並未解除。加上精省與台汽民營化的方向，這一屆工會所面臨的挑戰可能也是最爲艱鉅的。

台汽工會內部派系

台汽工會內部派系的形成，對於工會的團結自然是不利的，派系的出現不僅使得工會難以就重要事務作成決策；也使得工會在向資方爭取員工權益時，力量顯得較爲薄弱。在前文中，已粗略地提到有關台汽工會內部，派系形成的因素。台汽工會內部的派系，除了可以依黨派作區分之外，同一黨之內還有因不同作風，導致的不同派系。另外，由於台汽公司員工散佈在全省各地，所以各個地區的會員，也會有所謂的山頭存在。至於台汽工會派系的形成，主要可以歸因爲：工會幹部改選之影響、違規遊覽車駕駛員加入之影響、外來危機的衝擊。

◆工會幹部改選之影響

在台汽工會自從第一次的代表大會開始，就可說是體質不良，從第一屆的理事長選舉開始，每一屆理事長的選舉，都會導致派系間更深的裂痕。派系之間不斷的紛爭，以及爲了使支持的候選人當選，進行的權力角逐，又使得派系之爭越演越烈。因爲選舉引起的內部紛爭，工會會員多次向勞委會具狀申訴，更甚者還鬧到法院；會員之間的訴訟，以及爲求勝選，或是將不喜歡的理事長換掉，都採取了不少合法或是非法行動，也在勞委會創下不少的案例。當然，這樣的派系紛爭，對於工會的團結，或工會勢力大小都有著負面的影響。

工會內部出現派系使得工會在作決策時，面臨了較大的困難。派系的出現及工會的分裂，首先影響到的是工會內部進行問題討論時，難以達成共識。其次則是工會開會和決策的缺乏效率，由於工會內部有派系存在，開會時往往會有因爲派系意見相左，甚至杯葛開會議程或決策的情況。像這樣的派系之爭，不僅使得工會在作重大決策時，缺乏效率，同時也減弱了工會面對資方時的力量。

◆違規遊覽車駕駛員對工會生態的影響

台汽於民國七十一年阻斷違規遊覽車時，隨車進入台汽的駕駛員，也成了台汽編制內的正式員工。這些違規遊覽車的駕駛員與台汽自行培訓出來的駕駛員有著很大的差別，除了服務與敬業態度以及守法觀念的不同之外；部分原違規遊覽車的駕駛員，可能較具有草莽性格，較會傾向以抗爭的方式爭取權益。這些原違規遊覽車駕駛員進入台汽後，有的也參加了工會活動，並衝擊台汽工會生態。

過去台汽公司內部要自組工會時，其發起人，即爲新竹地區的一位駕駛員，同時他也是隨著違規遊覽車，一起進入台汽的駕駛員。在一般台汽員工都在台汽公司任職很長一段時間，會擔心因爲從事工會發起被解僱，喪失可以領取的退休金的情況下；違規遊覽車駕駛員則沒有這層考量，因爲進入台汽公司的時間不久，累積的退休金也不多，對於不滿之處也就較能夠肆無忌憚地表達。

◆外在危機的衝擊

所謂外在危機的衝擊，指的是台汽近幾年來，面對民營化政策的壓力時，組織不得不改組，以急速變革的方式，進行人力精簡和規模縮減。勞工在面對民營化政策時，對於相關資訊的吸收較慢，而且也不盡然能夠瞭解民營化政策的意義。而工會在面對整個民營化政策時，無法提出具體的對策出來；因爲工會所面對的，已不再是向資方進行員工權益的爭取，而是政府制定出的政策。在公司進行人力精簡和組織扁平化的過程中，工會處於被動的地位，往往要視資方作出了什麼的決策，再就該決策對員工權益的損害部分，向資方爭取權益。

甚至於工會在人力精簡的過程中，所要爭取的不是要求公司不要進行人力精簡；而是接受人力必須精簡的事實，並爲提早離退員工爭取應有的權益，協助員工瞭解公司現階段的措施。面對公司的一些動作，工會的反應反而是協助公司進行人力精簡。但是，在台汽公司一波波的人力精簡之下，員工對於未來有著不確定感，而工會又代表勞方向資方進行談判。不確定感使得員工容易對工會幹部猜忌，擔心工會幹部會與管理階層勾結，以遂行一己之利；同時，也造成工會內部的彼此猜忌，加大派系間的裂痕。

工會幹部在面對員工的不信任感，及工會幹部之間的彼此猜忌時，往往會因爲擔心作出的決策會讓自己成爲會員責罵的對象，導致許多問題都議而不決，或者要經過層層的投票與表決，才作成決定。也就是說外在的危機，不僅使工會沒有任何因應對策，處於被動地位，也造成員工對工會的不信任感，以及工會內部的裂痕加深；工會內部的裂痕，以及工會幹部的各種顧忌，使得工會在決策上更加缺乏效率，更加減弱了工會的勢力。

台汽工會之興衰

工會發展的四個階段

大致來說，台汽工會與資方之間的關係，可以分為四個階段，而這四個階段中也可以看出工會發展過程的興衰。這四個階段依序為：和諧時期、勞方勢力壯大階段、勞資對抗衝突階段、勞方勢力減弱階段。而影響工會發展及勞資關係的，即是資源的多寡，這點會在稍後再作整體的說明。

◆和諧時期

早期當台汽仍未成立屬於自己的產業工會時，台汽員工是隸屬於省屬產業工會中的公路工會。在執政黨的黨部運作下，員工與資方之間關係良好。此時，台汽的營運也十分順利，尚未出現危機。

但是，在此一階段的末期，台汽內部卻爆發過一次大規模的抗爭活動。起因是在民國七十五年時，台汽公司慢慢發現公司的盈餘有縮減的跡象，因此實施一項「隨車服務員新陳代謝制」。當時台汽公司的隨車服務員或是隨車售票員，都是約雇人員；但是新制度卻規定隨車服務員或是隨車售票員，在三年的工作契約到期後，不再續約也不得轉任內勤工作，使得近一千名的臨時工，面臨即將失業的命運。

台汽公司實施這項新制度的目的，除了要讓隨車服務員或隨車售票員以新陳代謝的方式，保持以年輕女性服務的品質外；主要是要強調隨車人員定期契約工的身份，使其契約到期後，不能夠向台汽公司要求退職金或資遣費，或者轉任內勤。以使公司可以藉以控制人事數量與開支。而受影響的女性員工則以聯名簽署的方式，同時直接向台汽的上級機關申訴，再加上當時新聞媒體的報導，使得整個事件對管理階層構成極大的壓力。最後，在省府的干預下，台汽的隨車服務員任用，一律依不定期契約工的方式辦理，並可調回內勤。

另外，在民國七十六年時，也曾經有過員工想透過聯署簽名的方式，成立一個屬於自己的工會。但是，卻在管理階層與公路黨部及人二室的約談與干預下，不了了之。由這兩個事件可以看出，勞工的聲音在此階段的末期已開始出現，勞工並且也開始試著要爲自己爭取權益，甚至有擺脫既有的體制束縛的行爲出現。

◆勞方勢力壯大階段

在解嚴之後，台汽於民國七十七年成立屬於台汽員工的台灣汽車客運產業工會，同時在當時一連串的陸上運輸業員工罷駛和抗爭過程中，台汽工會或者聲援其他同業員工的抗爭，也發動了幾次對資方或官方的抗爭活動。

在台汽的產業工會成立之後，台汽工會並於徐靜淵前董事長在任期間，向資方爭取到許多的資源；像是辦公室的撥用，對工會活動經費的補助，同意工會將駕駛員每週基本工時降爲四十四小時，向資方爭取員工公休出勤獎金的補發，以勞基法的規定要求公司補發員工加班費等。雖然，在此時，資方由於董事長徐靜淵的支持，因此與勞工沒有太大的紛爭；卻是勞方勢力壯大的重要階段。

此時正值台汽公司員工人數超過一萬人的時期，除了資方對工會要求的退讓以外，工會也極容易就可以找到會員，聲援工會發動的抗爭行動。爲工會勢力壯大的時期。

◆勞資對抗衝突階段

由於台汽公司的營運狀況慢慢地走下坡，到了民國七十七年甚至開始出現虧損，且虧損情況極爲嚴重。省府爲求改善其營運不佳的狀況，要求台汽減少用人，於是台汽公司由民國八十五年開始執行精簡方案，於民國八十七年七月執行第四期的人力精簡；從第一期到第三期的人力精簡，台汽員工人數總共由一萬四千多人減至四千七百多人，第四期的人力精簡則預定要將人數減至三千人。

此時，由於公司營運不佳，爲求改善虧損而進行裁員行動。雖然工會面對公司的人力精簡方案，也有反彈的聲浪及一些抗爭行爲出現，例如：發動員工至省府抗議，向省議會或省議員陳情，或者向勞委會陳情等。但是，成效有限，因爲面對公司的嚴重虧損時，工會既提不出解決之道，也只能以抗爭的方式，表達工會的不滿。

◆勞方勢力減弱階段

在公司持續虧損，甚至數度面臨破產窘境的情況下，台汽公司似乎勢必要以裁員和組織重整的方式因應困境。加上民營化政策的制定，使得台汽公司更加需要以各種措施來改善體質及財務結構，以利民營化政策的執行。此時，工會雖然對公司政策不抱持贊同的態度，希望公司以其他方式挽救虧損局面，以減少裁員數量；卻也因爲提不出好的對策，而無力改變公司的決策方向。工會勢力也開始減弱，至於工會勢力減弱的原因將在下文中另行說明。

事實上，台汽公司在勞資對抗衝突階段，以及勞方勢力減弱階段之間，幾乎是同時並進的。勞資之間的對抗衝突與緊張關係，有一部分的原因是因爲人力精簡所致；而人力精簡作業則是一直持續進行的，同時人力精簡也會導致工會勢力的削弱。勞資關係緊張的同時，工會的力量也開始變得越來越弱。

事實上，在這四個階段中，若以資源分配的角度去作觀察，便可以很容易理解其變化趨勢。早期由於資源夠多，台汽也還屬於盈餘很多的事業，因此隸屬於省屬事業的公路工會時，在黨部的運作下，因爲員工也沒有太多的要求，勞資雙方關係和諧。及至公司內部成立自己的產業工會後，雖然公司已經開始有虧損，卻在主事者的個人考量，以及對虧損和財務危機的忽視下；錯估公司所擁有的資源，並且轉讓許多資源給工會，同意工會對資源分配的要求。待公司危機浮現時，營運不良使得所擁有的資源開始減少，能夠分給勞工的自然也減少；這點導致員工的不滿，引發了勞方與資方爲爭取資源而有對抗和衝突發生。最後，在資方握有管理權的優勢，加上公司的確沒有任何資源可以出讓，工會的勢力就開始慢慢地減弱。

當然所謂工會力量變弱，並不表示工會毫無力量，工會仍然可以透過民代、輿論影響視聽，並與資方分庭抗禮。只是，比起當年工會有一萬五千人的盛況，工會所能發揮的力量的確在逐漸式微之中。在早幾年，工會若是發動罷駛，的確可能造成許多人的不便，迫使當局一定要正視工會的力量。但是，今天的台汽駕駛罷駛，卻不足以造成太大的威脅；更何況，工會並不團結，要糾集足夠的員工支持，恐怕也很困難。

工會勢力轉弱之原因

台汽工會在成立初期，勢力極爲龐大，工會本身也極具活力；然而，近幾年來，工會開始變得較爲弱勢。工會勢力的轉弱，主要顯現在其動員能力減低上。工會面對資方時，擁有的抗爭資本，除了法律對勞方的保障之外；很大一部分要靠勞方以發起抗爭的方式，突顯問題之嚴重性，迫使資方改採對勞方較有利的措施。若以動員能力作爲評估工會勢力強弱的標準，則可歸納工會勢弱的原因爲二點：組織精簡、資方對勞方的控制。另外，工會幹部是否團結或理念是否相近，也會影響到工會，所以工會內部分歧可說是使工會勢力減弱的第三個原因；第四個原因則要歸因於工會幹部的素質。

◆組織精簡

前文提過，台汽工會成立初期，由於台汽員工數多，工會成員也多，工會勢力也較爲龐大。會員多時，遇到工會要發動抗爭時，動員起來也十分容易；相反的，會員若是大量減少，在平日工作極爲繁忙的情況，若要發動抗爭，自然在動員上也會有困難。台汽工會目前就面臨到這個問題。

為求改善台汽的體質以及虧損情況，省府作下的裁示是要求台汽進行急速變革，這其中就包含了組織員額的精簡。台汽公司第一期的員額精簡於民國八十三年開始，於江清馪董事長的任內，提出四五七八名員額精簡方案。第一期員額精簡與第二期員額精簡，目標都是針對服務員和售票員。第三期精簡則由現任董事長陳武雄執行，並精簡掉近四千名員工，在精簡後台汽僅剩下四七四四名員工；民國八十七年六月二十五日起，台汽公司又要開始進行第四期精簡，這次精簡目標要精簡掉一七四四名人力，讓台汽僅剩三千名員工。

面對這樣的一個精簡過程，工會的態度是，認同台汽有冗員過多的事實，但是希望公司能夠在精簡的作法上，避免採取脅迫的方式，逼員工離職，同時也希望公司能夠事先作好人力規劃，而不是一味的為了裁員而裁員。事實上，由第一期精簡乃至第三期精簡，台汽總公司採取的方法主要還是以勸說的方式，讓員工自願離職，尚未採取逼迫離職的方式；因此，工會面對員工自願離職時，工會的著力點很小，加上工會也同意冗員過多的態度，使得工會在員額精簡的過程中，可說是處於被動的地位。

就在公司規模由一萬五千名員工，精簡至現存的四千餘名員工，甚至要精簡到三千名員工的過程中，工會的勢力也跟著在萎縮。原因很簡單，其一是工會會員減少了，勢力自然減弱，要進行抗爭時，能動員的人數也隨之下降；其二則是在急速變革的過程中，業務量的減少不及員工數的減少，所以，每名留任員工的工作量也大幅增加，在基層員工冗員不在時，若要動員員工進行抗爭，十分困難。另外，還有一個原因，即資方對勞方控制力的問題，這點將在下文再行討論。

◆資方對勞方的控制

資方對勞方的控制，對於工會勢力的強弱有極大的影響。工會本身也屬於勞方，若是資方對勞方控制較鬆，工會也就有較多從事與工會相關活動的空間；反之，若是資方對勞方控制較緊，工會不論要動員，或是工會幹部本身要從事工會業務，在時間與金錢上，都會有問題存在。因爲，勞方終究是依附在事業體之下，資方提供給工會的行政資源多，加諸於工會的限制越少，對於工會的發展也越有利。

台汽公司的資方，自然是以董事長爲首的管理階級，資方對於勞方的控制，也隨著不同董事長對工會的態度有所改變。在早期，工會若要發動抗爭，公司不會就員工請假問題加以責難；但是近年來，若是工會有意發起抗爭，在抗爭當天，原本應上班者，公司絕不給假，而且應上班而未上班者，一律以曠職論處。這樣的轉變使得工會在發動員工進行抗爭時，能參加的人只剩原本即排好休假且有意願參與抗爭的員工；再加上現在員工總數也減少了，到場抗爭的人數也跟著減少，其訴求也較不受重視。

就工會幹部的控制，則是過去工會幹部可以專心處理工會事務，不必處理原應處理的業務事項。但是，近來，公汽總公司已要求工會幹部，除了理事長及總幹事，和分區常務理事，可以繼續專任工會幹部之外，其餘的工會幹部都必須回到原來的工作崗位，在工作之餘才可以從事工會會務。並依照工會法每月從事會務不得超過50小時。

◆工會內部分歧

前文提過，近年來工會內部的裂痕，隨著理事長幾屆的改選，及外在危機的影響，越來越大。工會目前對資方的訴求議題，主要集中在資方未能提出很好的台汽未來發展模式，以及精簡員額是否眞能減少虧損之上；工會總部的期望是台汽目前的變革，能夠保證台汽擁有美好的未來前景，並且能使公司規模與人數保持在目前的水準。但是，一則工會內部有分歧存在，這樣的期望並不見得是每一個工會幹部，甚至工會會員的期望；二則工會總部雖然對公司的一些變革措施不滿，但是卻也不能夠提出一個很好的方案，來說服並得到工會幹部和會員的瞭解與支持，並進而說服董事長給予支持。

此外，工會內部的分歧，使得非工會幹部的工會會員，對於工會也缺乏信任感以及向心力；有的員工反而站在資方的角度，對工會提出的見解加以批評，或者對工會幹部的行爲有所懷疑。所以，工會如何找回過去初成立時的凝聚力，對於工會未來的發展來說，應是重要的課題。

◆工會幹部素質

持平而論，工會幹部的素質會較公司管理階層的素質差一些。在開會議事時，工會幹部對於會議流程的瞭解、開會與溝通技巧，都稍嫌不足；一個會要開上一天半到二天，也是稀鬆平常的事。或者有的工會幹部在面對資方時，對資方提出的要求或抗爭，並不是爲了爭取全體會員的權益，而是爲避免自己的利益受損；這樣的情況，也可能會導致會員對於工會的排拒，不願參與工會活動，使得工會幹部的素質日漸惡化。

工會幹部的素質問題，也會表現在工會幹部對於公司所處的客觀環境，無法體認或瞭解的情況上。有的工會幹部雖然知道公司營運不良，卻不能瞭解台汽公司已不再能夠獨占公路客運市場。在工會幹部素質不佳，加上工會內部的分歧，工會就一些會務都很難作出決策，遑論在公司人力精簡政策上，把出良好的對策，勢力也就因而漸漸減弱。

工會何去何從

第四屆的台汽工會，可以說是歷屆最重要的一屆。自從蔡萬祥就任理事長一職之後，台汽公司的人事仍在持續精簡中；同時，在民國八十七年年底，也將要面臨精省後，台汽公司的定位問題。所以，如何在這個變動的環境中，爲員工謀求福利，甚至爲台汽公司未來的發展，找出一個對策是極爲重要的。

然而目前工會勢微、內部分歧，且未能針對抗爭議題擬出良好的解決方案。民國八十七年八月十八日，台汽工會發起「減薪公投自救」，希望能藉由員工志願減薪，共同承擔公司之困鏡，並希望台汽能比照鐵路局，由交通部承接。工會也要求公司對第四期人力精簡採取比較緩和的手段。問題是，工會發起這樣的運動，固然引起媒體一時的關注，但又能發生什麼效果呢？實際上又要如何執行呢？台汽比之於台鐵，所擁有的籌碼十分有限；換句話說，無論是資方或是勞方，台汽所能談判的條件十分脆弱。就算工會可以讓第四期精簡多延長三個月，也無濟於事。

工會如何在這樣的情況中，找尋未來發展的日標，以求生存？除了工會內部的重新整合之外，如何提升工會幹部的素質也是台汽工會，乃至於其他事業的產業工會需要注意的一點。在工會的未來發展中，有幾點是很值得注意與努力的：

與事業主管適度的溝通與配合

工會幹部對於工會決策的幫助，會受到兩項因素的限制，一爲時間不足，二爲能力不足。時間不足主要是因爲資方開始對勞方有較嚴格的控制，資方給予勞方的行政資源日漸減少，工會幹部可以不工作而專心致力於會務推行的人數，也隨之減少；當工會幹部必須要在工作結束後，再額外撥時間從事會務時，能付出的心力與時間，自然也會相對的減少。

事實上，工會的運作十分需要來自資方的行政資源，來加以協助。尤其對於像是台汽這樣的公司來說更是如此，會員散佈在全省各地，會費的收取極爲困難，這時就需要由資方以其行政系統，代工會由會員薪資中，將會費先行扣除，再交給工會以資運用。否則，工會一旦在收取經費上面臨困難，甚至缺乏資金運作時，就只有解散一路可走。

與資方適度的溝通與配合，不只有助於改善勞資關係，進而向資方爭取到較多的行政資源，以利於工會的發展以外。很重要的一點就是，工會與資方適度的溝通與配合，可以使工會不至於與資方的政策脫節。尤其當整個事業體都處在一個變動的環境中時，工會與資方的溝通更是有必要。如此，也才能夠使工會瞭解公司的政策方向，更能夠保障員工的權益。

工會幹部能力的提升

在前文中討論過工會幹部的能力問題。工會成立的主旨是要保障員工的權益，員工有任何問題，直接透過工會向資方反映，也會較有效率。有公司才有員工，也才有工會組成的需要，所以公司的發展動向，工會自然也有必要加以瞭解。並且就不同的問題，提出主張，以爭取員工的福利。因此，工會的幹部應該要擁有能力，以擬定一些有利於勞資雙方的策略。然而，事實顯示，工會幹部的素質，並沒有因爲局勢日區困難而提升。

就這點來說，解決方法有兩個：一是提升工會幹部的素質，這點必須要透過對工會幹部，乃至於員工的再教育和再培訓達成；二則是由工會花錢，由外界另聘專業人士，協助工會處理會務，以及提出面對資方時的各種對策。不過，不論是採取那一種方式，重點是如何使勞資雙方成爲工作伙伴，而不是相互對抗。

不論將來台汽工會會有怎麼樣的發展，其經驗都很值得其他公營事業的產業工會作爲借鏡。其一是在民營化的政策執行之下，資源可能日漸減少，並且導致勞資關係的緊繃，以及勞方勢力減弱的問題。其二則是工會面對資方時，工會本身素質良莠的問題；就這個問題的解決方式，是要未雨綢繆先行以員工或幹部培訓的方式改善，或是由工會出資聘請專業人士，擔任工會顧問，協助工會面對資方，也值得深思。

【參考書目】

(一)方孝鼎(1991)，〈工會運動與工廠政權之轉移〉，東海大學社會學研究所碩士論文。

(二)李允傑(1990)，〈台灣地區工會政策之結構性分析〉，台灣大學政治學研究所碩士論文。

(三)李允傑(1992)，《台灣工會政策的政治經濟分析》，台北：巨流。

(四)張晉芬(1998)，〈上有政策、下無對策：省營客運的經營困境和私有化的衝擊〉，國科會84-86年度社會組專題計畫補助成果發表會，台北：中央研究院。

(五)張晉芬(1998)，〈變調的聲音與個人出走：由省營客運員工的資遣檢檢視私有化政策的執行〉。

(六)張國興(1991)，《戰後台灣勞工問題》，台北：稻鄉出版社。

9

繼續縮小經營規模

繼續縮小經營規模

繼續縮小經營規模：逐步民營化

回顧民國八十五年底的人事精簡過程，在董事長陳武雄親自率領公司一級主管積極到各地宣傳，以及工會領導人以實際行動配合行動之下，一般員工已經有相當的危機意識，也瞭解台汽公司所面臨的艱難經營環境，因此，在優惠資退方案的配合下，共有二五六〇名員工選擇離開台汽。整體而言，此一急速變革過程相當平和，不但裁撤五個運輸處，完成民國八十三年底便已決議的台汽組織二級制改革，還進一步將保養組納入車站編制，貫徹車站利潤中心的經營制度，更締造我國企業在最短時間順利縮減員工幅度最多之記錄。

台汽公司在歷經八十五年的急速變革後，留下員工四七四四人，大致達成編制員額四五二〇人的目標。然而，由於台汽公司間接人員比例太高，員工薪資水準與結構改變有限，因此，民國八十六年以來的台汽營運狀況，隨著運輸市場的萎縮，每月以約兩億元的速度虧損。

八十六年四月二十四日，省府副省長賴英照主持「台汽公司體制變革相關事宜會議」，除同意九筆原台汽土地，但未辦理移轉手續，盡速補辦，並先行以市價入帳，以免台汽業主權益歸零之外，對於台汽建議之體制改革、債務一次解決與宣告破產三案，省交通處則提出新版的「路線處理原則」以爲回應：一般公路全部由民營客運接駛，國道部分亦只保留運輸效率40％以上的路線，預計台汽將保留42條路線，人員一六一六人。本次會議最後決議台汽應以「繼續縮小經營規模，逐步民營化」之方式辦理。

由於台汽公司財務狀況仍然十分困窘，為尋求省府之支持與補助，台汽乃再度擬議繼續縮小經營規模之計畫。

八月七日，副省長吳容明主持「台汽公司繼續縮小經營規模執行計畫相關事宜會議」，會中決議：

1. 基於省府財政困窘之情況，否決一次解決台汽債務的提議。
2. 同意轉請中央補助台汽購置兩百五十輛中興號十億五千萬元，其中中央與省府各負責一半。
3. 對於繼續縮小經營規模，精簡一七四四人所需之資退費三十四·九億元，將建議省長援例由交通建設基金貸借。
4. 台汽要求省府補助八十六年度行駛偏遠地區路線虧損十五億元部分，已公告釋出而無民營業者願意接駛之營運虧損，原則同意補助，其餘路線則依交通部訂定的大眾運輸補貼規定辦理。
5. 為維持台汽公司急速變革既有成效，應繼續執行「繼續縮小經營規模計畫」。

八十七年元月五日，省府省政會議通過台汽公司繼續縮小經營規模執行計畫，營運路線由現有的一七七條再釋出五十四條，保留一二三條；人員由現有之每車3.1人，降為2人；人員精簡預計於「台汽公司專案精簡人員處理要點」核定及資退費進帳後，三個月內完成。台汽公司預估，繼續縮小經營規模後，台汽的營業收入每年將減少六·五億元，但用人費將減少一四·六億元、業務費減少一·九億元，收支相抵預估每年減少虧損十億元；整體而言，年營業收入五二·七億元，營業成本五〇．一億元（其中用人費用二十四億元，占營收之46％），盈餘二．六億元。

同時，台汽公司也根據繼續縮小經營規模之構想，由副總經理謝憲宗帶領人事室主任、兩任工會理事長等人，於三月間開始展開全省宣導活動。主題包括：

1.台汽經營困境及未來走向：以數據說明台灣客運市場萎縮、競爭者增加，台汽經營日趨困難，營運持續虧損，財務狀況極爲困窘，需要再縮小規模，精緻經營。

2.業務變革與人力運用。

3.未來退休制度、專案人員精簡優惠資退辦法與第二專長訓練轉業之介紹與解說。

在經歷民國八十五年底的急速變革之後，員工多半能心平氣和地聆聽這些說明，並於中場休息時間交換意見，這些訊息對員工形成其決定顯然有所幫助，尤其是勞工退休年金制度之介紹、「銓敘部積極研擬展期年金制，未來提前退休者須等到無工作能力或六十歲後才能支領月退休金」、「登記辦理資退者，即可以公假參加轉業訓練」，以及優惠資退之內涵及比較。

機料系統的變革

台汽公司的機料部門，曾經是一個機能非常完整的系統。除了總公司有機料處之外，各區運輸處均設有保養場與檢修組，負責各區運輸處車輛一、二、三級保養，另外，還在樹林設置機料廠，不但負責汽車四、五級保養，還承修造車身、引擎大修、配件再生、修護器材之儲存保管，及廢呆料集中處理等事項。原有機料部組織龐大，參見圖9.1。

圖 9.1 84 年台汽公司機料部門配置情形

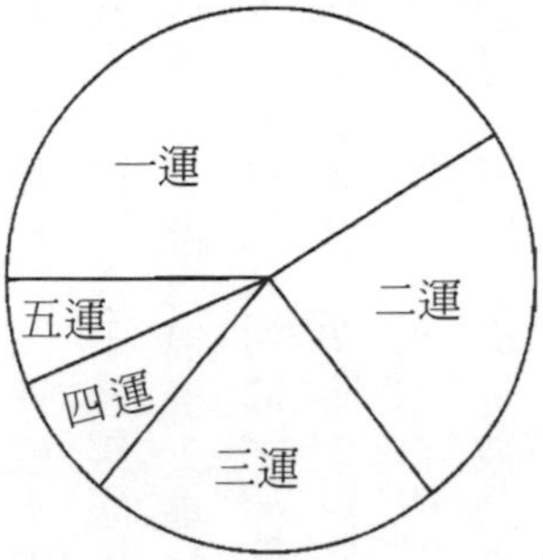

車輛數

一運 1,483 輛，占 40.7%
二運 860 輛，占 23.6%
三運 788 輛，占 21.7%
四運 280 輛，占 7.7%
五運 229 輛，占 6.3%
合計 3,640 輛，占 100%

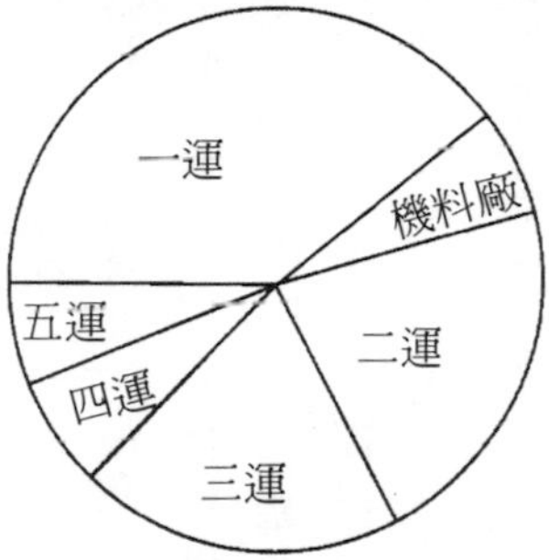

職工數

一運 1,427 人，占 38.8%
二運 821 人，占 22.3%
三運 719 人，占 19.6%
四運 248 人，占 6.8%
五運 227 人，占 6.2%
機料廠 232 人，占 6.3%
合計 3,671 人，占 100%

職員數

一運 82 人，占 23.2%
二運 54 人，占 15.3%
三運 53 人，占 15.0%
四運 36 人，占 10.2%
五運 22 人，占 6.3%
機料廠 64 人，占 18.1%
機料處 42 人，占 11.9%
合計 353 人，占 100%

資料來源：台灣汽車客運股份有限公司。

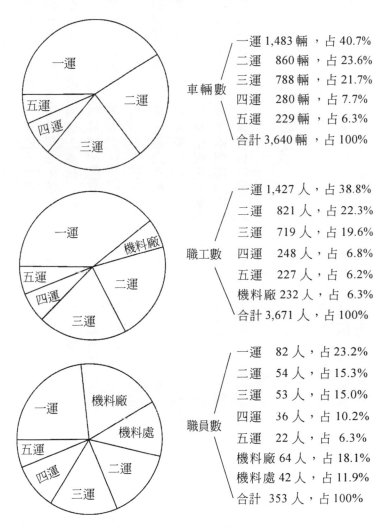

由於車輛修護保養成本太高，業務萎縮，台汽公司於民國八十四年年底，便將位於樹林的機料廠裁撤。民國八十五年底，隨著五個運輸處的裁撤，將十三個保養場簡併為六個維修場，八個月後再將六個維修場併入車站，直接隸屬總公司機料處。

本來，台汽公司此一功能齊全的機料部門在公司業務萎縮之際，早已經成台汽的主要負擔了，沒想到在急速變革期間，由於公司採取自願申退的精簡政策，使得機料部門的縮減幅度不如預期。

隨著民國八十六年台汽公司推動以車站為主體的利潤中心制度之後，車站與保養場之間的協調問題更是層出不窮，彼此在帳目計算與權責劃分上衝突不斷。董事長陳武雄於業務處經理出缺之際，要求機料處經理提出解決之道，最後並指派其兼任業務經理，負責整合機料與業務體系。

八月間，陳武雄趁站場主管聯合會議之便，調查站場主管對於整合機料與營業部門之意見，統計結果絕大部分表示兩個部門的協調問題可以透過部門整合解決。於是，陳武雄就在一週之內下令裁撤維修場，並將檢修組併入車站利潤中心體系，決策之迅速與果斷，出乎衆人意料。

工會態度

民國八十六年十月，台汽工會第四屆理監事選舉，支持台汽公司人員精簡的第三屆理事長包乃強未獲連任，台汽第四屆工會理事與公司之間的關係有了微妙的改變。

八十七年四月間，公司擬縮減工會幹部辦理會務的公假時間，導致工會第四屆理事長蔡萬祥率領理事赴省議會與勞委會陳情，公司與工會的關係似有逐漸疏遠、交惡之勢。

六月，「台汽公司專案精簡人員處理要點」正式核定，資退的經費也有了眉目，繼續縮小經營規模的人事精簡活動乃於六月廿六日正式展開。

七月中旬，台汽公司再次委託中國生產力中心舉辦兩天的共識營，參加人員爲公司站場主管、總公司主管與工會幹部。共識營的討論主題包括：

1. 駕駛大幅申請資退，並已低於配賦員額四百餘人，應如何辦理？
2. 南部車站駕駛尚有超額，公司將公開辦理調撥，有何注意事項？
3. 技工人數超過配賦員額三百六十餘人，而技工有四百餘人擁有大客車駕照，應如何鼓勵他們轉任駕駛？
4. 超額之一般人員及站務人員應如何公正合理處理？
5. 如何有效照顧離退同仁？
6. 如何推廣第二專長輔導訓練？
7. 對獎金辦法修正之討論。

就人力精簡之主題而言，迄七月中旬員工自願申退與公司配賦員額統計，參見表9.1。由表9.1可知，此次人員精簡之情況與八十五年急速變革之情況類似，駕駛因爲容易轉任民營客運公司，而有大幅申退之情形；反之，技工、一般人員、業務工與站務員，都有人員過剩之現象。

不過，即使在駕駛方面，申請離退也有地區差異。北部駕駛多數想要離開，中南部則較少，因此，除了駕駛離退總數過多的問題外，也產生北部駕駛人力不足，南部駕駛過剩的現象，公司擬採行的做法是將南部駕駛北調。共識營曾討論這個問題，結果很快就得到不許駕駛自由申退的

表9.1　87年員工自願申退後人數與公司配賦員額統計

職稱	現有人數	自願申退後人數	百分比	配賦員額	百分比
駕駛	2242人	1420人	42.3 %	1833人	61.1 %
技工	953人	791人	23.5 %	427人	14.2 %
業務工	591人	301人	9.0 %	175人	5.8 %
駐站服務員	325人	260人	7.7 %	167人	5.6 %
一般人員	633人	587人	17.5 %	398人	13.3 %
合計	4744人	3359人	100 %	3000人	100 %

共識，因爲「駕駛是客運公司的生財工具」，如果駕駛走得太多，將導致公司連正常的營運也難以爲續。當然，這也與南部工會代表擔心如果讓北部駕駛離退太多，將導致南員北調的問題，這將帶來生活上不便。而以不平衡班次來代替人員調動的想法，則受到有些站長的反對，他們擔心這會增加班車調度的困難。

對於駕駛不足的問題，除挽留之外，最理想的情況是鼓勵技工轉任，如此可以同時解決技工太多的問題。然而，檢修組組長指出：「技工對轉任駕駛的意願不高，因爲技工多是四十歲以上的人，若要轉任駕駛，一方面是不習慣，另一方面是擔心安全。因爲一般大客車駕駛都是在年輕的時候就開始開車，到了中年才轉任大客車駕駛，技工會擔心安全。」、「根據少數由技工轉任駕駛的經驗顯示，他們的確有容易肇事的情況。對自身與乘客安全，以及對公司的形象都不好。」

雖然台汽公司一級主管在共識營中，試圖提出眼前所將面對的實質問題，包括人員精簡作業的細節與獎金結構的修正，但由於資訊與信任不足，顯然工會這次決定使用拖延戰術來應對。

共識營上的議題由公司設定，公司主管人數甚至也略多於工會幹部人數，但是在議題討論時，工會幹部的發言卻居主導地位。工會幹部們或者以特有的抗議方式發言，或者幾個人間歇性離開會場，決定發言方針後，再進場參加討論。基本上，這次共識營除了決議不讓駕駛員完全依其自願資退，以免駕駛員不足之外，由於工會一再質疑所謂配賦員額三千人一事，因此，無論對於人事精簡作業或獎金制度的修正，都無法得到進一步的共識。在這樣的氣氛下，公司內部也流傳著各種未經證實的流言，有些員工難免有不安定的感覺。

八月三日，工會終於提出「對台汽組織變革的三點質疑與五點建言」，大致為：

1. 台汽組織變革流於裁員、變賣資產和爭取補助，荒廢本業。
2. 台汽公司為資遣而資遣，準備以強制手段達成目標。
3. 台汽累積債務二百七十七億元及月退負擔，應併同精省作業，由上級機關承接。
4. 台汽再造工程應以健全拓展本業及發展多角化並重為指導原則，以公有經營、制衡民營、永續發展為目標。
5. 台汽應邀集工會及公正第三者重新評估人力運用與配置，並延長本次人事精簡作業。
6. 不得倉促精簡人員，變相或直接強制資遣員工。

八月十二日，工會進而訴諸輿論，在立委張俊雄的陪同下在立法院召開記者會，強烈批評省府及中央互踢皮球，不願解決台汽債務，並表示將在十八日舉辦「員工減薪公投」，盼透過員工減薪的具體行動來拯救公司，同時，要求公司不得強制資遣員工、延長自願資遣期限到十二月底。

工會的此一行動獲得媒體的廣泛報導：「交通部表示，台汽係省屬事業，精省後台汽的未來應尊重省府決定。」、「台汽高層指出，台汽民營化是既定政策，不會因部分員工抗議而有所改變。」、「台汽副總經理表示，員工提出自我減薪一千元的用心值得肯定，但台汽待遇由行政院核定，減薪在法律上站不住腳，實務上也不可行；其次，台汽現有員工四千餘人，每位員工減薪一千元，再加上部分幹部減薪一萬元，每個月也只能減少四百多萬元虧損，與台汽八十七年度虧損一億九千萬餘元來比，仍屬杯水車薪，於事無補。」、「交通處表示，台汽公司精簡方案是省政會議通過的既定政策，若要改變，則必須再經省政會議通過。…台汽此次資退，預定要裁減一千七百四十四人，但到目前爲止，才縮減六百八十人，距離目標還有一大截，而目前也都是採取自願資退的方式辦理。」、「至於員工減薪方案，交通處說，精神值得敬佩，但不認爲對公司整體有助益。」

離職員工的再就業狀況

台汽公司進行大規模的第三期人事精簡後，離職員工是否順利再就業？再就業的勞動情況如何？對這樣的問題，台汽公司目前實無暇進行有系統的追蹤調查。但幸運的是，中央研究院研究員張晉芬在民國八十五年十一月至八十六年五月間，進行了這樣的調查研究。張晉芬經由台汽公司與工會的協助，於民國八十五年末對台汽離職員工寄出一千份問卷，回收二二六份，回卷率23%。民國八十六年五月，她獲得公司人事部門的協助，另行寄出一千六百份問卷，回收三三七份，

表 9.2　離職人員名單與回收樣本資料的比較

分布	回收問卷	原始資料
1.部門		
總公司	1.0%	1.4%
第一運輸處	51.0%	50.8%
第二運輸處	23.9%	22.4%
第三運輸處	11.4%	13.9%
第四運輸處	4.9%	4.4%
第五運輸處	7.8%	7.1%
2.性別		
男性	86.7%	87.2%
女性	13.3%	12.8%
3.省籍		
外省人	25.4%	12.8%
台灣人	74.6%	87.2%
4.居住區域		
北部	55.7%	56.7%
中部	25.8%	23.7%
南部	15.7%	16.9%
東部	3.7%	2.7%
合計	563人	1593人

回卷率21%，兩次問卷共獲得五六三份樣本。表9.2列示離職人員名單與回收問卷中所得的基本統計比較，由於回卷者的主要特徵，諸如部門的分布、性別、省籍、所住的區域，都與台汽公司所提供的名單特徵極為類似，因此這些回收的問卷應該可以代表離職員工的真實情況。

表9.3列示離職的台汽員工離職後的工作狀況。大約半數的回卷者在離職後的八個月內都已經再就業，根據統計，這些人平均花了五個月的時間找到新工作。另外的一半人在離開台汽公司的八個月後，尚未再就業。此外，扣除曾經嘗試再就業的人外，離職員工中有三分之一在離職後就一直沒有再去找或找到正式的工作。

表9.4列示再就業者的工作領域分布，有6.3％的人仍在公部門工作，有58.7％的人在私部門工作，約有19％的人自行開業或在朋友親戚的店裡工作。

表9.5列示再就業者的就業管道，68％的人是透過創業、家庭或個人的人際網路找到工作，包括自我雇用，以及於家庭、親戚、朋友之處所就業。可見家庭的支援或朋友網路是提供再就業的重要管道。

雖然依法公務員優惠資退時，享有第二專長訓練與再就業的協助，但根據此次對台汽離職員工的調查，這兩項協助似乎幫助不大，因爲大部分員工仍然依靠自己的人際網路找到新工作。換言之，這些員工與民營公司離職員工尋找工作的歷程並沒有什麼不同。

張晉芬還特別分析員工失業期間的長短。她發現，這些員工的平均失業期間爲五個月；年齡對於再就業的狀態有顯著影響，隨著年齡增加，找到工作的機率下降，至於其他個人特性（包括原先在台汽所從事的工作）則都沒有影響。

不過，進一步分析顯示，已婚、有小孩和配偶有工作者，再就業的機會也比較高。原因可能是，已婚和有小孩的人有較大的動機去尋找新工作，因此也增加再就業的機會；而配偶有工作時，配偶就業所隱含的社會網路與資源，可能對當事人的再就業有所幫助。在外部環境方面，居住在

表 9.3 員工離職後的工作狀況

1.離職後馬上再就業	129人 (28.2%)
2.離職一至數個月後才就業	94人 (20.5%)
3.離職後曾經再就業過，但目前沒有工作	78人 (17.0%)
4.離職後一直沒有找到工作	158人 (34.3%)
合計	458人 (100%)

表 9.4 再就業者的工作領域

1.自行創業	31人 (13.9%)
2.公營單位	14人 (6.3%)
3.民營公司	122人 (54.7%)
4.家人、親戚或朋友的商店	20人 (9.0%)
5.其他領域	36人 (16.1%)
合計	223人 (100%)

表 9.5 再就業者的就業管道

1.自行創業	32人 (14.3%)
2.通過考試	12人 (5.4%)
3.家人／親戚的商店	21人 (9.4%)
4.朋友的商店	10人 (4.5%)
5.家人／親戚的關係	21人 (9.4%)
6.朋友的關係	67人 (30.0%)
7.報紙廣告	40人 (17.9%)
8.其他方式	15人 (6.7%)
合計	218人 (100%)

東部地區的員工顯然較西部區域較難找到工作。

此外，有不少到民營客運公司擔任駕駛的員工，在問卷中抱怨民營客運公司的工時過長與工作壓力太大，只有少數的民營客運公司會依據勞基法發給加班費。

一般而言，私部門的勞動條件的確較公部門為差。駕駛資退下來的出路，與原工作性質相同者，有民營客運公司駕駛、娃娃車駕駛、校車駕駛。在民營客運公司上班者，據基隆站站長謝聰賢先生表示，工作負擔較台汽重了許多，工作環境與工作條件皆不能與台汽相比，他以台北新竹高速公路線為例指出，台汽公司駕駛一天約跑兩趟，可是民營客運駕駛一天要跑三、四趟，因此，台汽離職駕駛通常待不久。根據我們對一些現任職員的訪問，據他們表示離職員工的情況可說是好壞都有。事實上，有不少離職員工頗為懷念台汽的工作歲月。在民間企業工作的條件普遍不如公營事業。但是，這是不是正好反映出公營事業員工生產力低落的一個重要現象呢？當台汽面對民間業者的壓力時，台汽不可能繼續維持優渥的工作條件。因此，可以預見，台汽在持續精簡之外，留任員工的工作壓力與生產力也將持續升高。如此，台汽之繼續縮小規模，才有可能成功。

【參考書目】

㈠張晉芬（1998），〈上有政策、下無對策：省營客運的經營困境和私有化的衝擊〉，國科會84-86年度社會組專題計畫補助成果發表會，台北：中央研究院。

㈡張晉芬（1998），〈變調的聲音與個人出走：由省營客運員工的資遣檢視私有化政策的執行〉。

㈢張晉芬（1999），〈由勞工貴族到閒置人員：對省營客運員工大規模資遣原因和過程的分析〉，《公營事業評論》，第一卷第二期，頁107-133。

溫馨接送情，處處有台汽。

溫馨接送情，處處有台汽。

10

台汽未來

民營化

對於台汽公司的未來，許多人提出不同的構想：

1.讓台汽破產，清算資產，資遣人員。

2.繼續縮小規模，僅行駛必要路線，回歸公路局體系，現有債務及剩餘人員由政府承接。

這兩個選擇目前都不可行，在第七章時，本書已經討論過民營化思潮的變遷，處在當前的政治環境下，台汽的未來只有一個選擇—民營化。但是，民營化也有很多不同的方式，台汽要如何民營化呢？採取什麼樣的民營化型態呢？

就台汽破產方案而言，其實，有不少省議員甚或政府相關官員有這種論點。但是，台汽破產可行嗎？假定台汽破產，政府首先要面對的是許多偏遠地區民衆的壓力。偏遠地區交通不便，也不是人人都有自用汽車，台汽提供偏遠地區人民不可或缺的運輸工具。事實上，今年台汽爲了精簡人力、節約成本，有意將台東站、屏東站合併入枋寮站，就遭遇到地方民意極大的抗拒。對於許多偏遠地區人民而言，台汽是可靠與安全運輸的象徵，就算有民間業者願意行駛偏遠地區，他們仍然比較喜好台汽的服務。其次，破產將迫使台汽賤售許多有價値的土地資產，有害納稅人的利益。當然，假如台汽的財務結構實在無法改善，政府又不伸援手的話，破產並非不可能。

就第二個方案，縮減規模，改成公務機構而言。台汽曾經嘗試過，並在民國八十五年底上公文提出建議。但是，公文卻石沈大海，未獲處理。據一位工會代表表示，他們當初支持公司從事急速變革，主要的原因是期待公司在急速變革之後，能夠成爲公務機構，可以豁免另一次的人力精簡。沒想到，該方案未獲政府支持。其實，政府不支持台汽改成公務機關的結果，可以預見。在民營化潮流的趨勢下，連台鐵都在計畫民營化了，政府怎麼可能讓台汽走回頭路，從公司改成公務機構呢？

民國八十七年六月初，台汽公司向外界徵求民營化執行方案委託規劃，吸引了多家對公營事業民營化有經驗的民間顧問公司參與投標。根據台汽的構想，這份民營化執行方案分別為規劃與執行兩個階段，規劃階段應於簽約後四個月內完成，執行階段則於上級審議後配合完成。規劃階段的主要工作有：台汽現況瞭解與評估、台灣內陸客運產業分析、土地資產整體開發與處理之建議、民營化方式、民營化後之整體營運架構與計畫、財務規劃與預測、員工權益與員工溝通計畫、民營化執行程序與時程等。

七月間，台汽公司從參與競標的六家顧問公司中，遴選擁有美國 Arthur Andersen Business Consulting 民營化經驗，由勤業管理顧問公司領銜的顧問團隊，委託其負責台汽民營化執行方案之規劃與執行。民國八十三年，Arthur Andersen 便根據各國公營民營化經驗，提出一個「如何從管制獨占到市場競爭」的模型（Predictable pattern- Navigating the continuum from protected monopoly to market competition）。這個模型指出，從政府主導的管制獨占，到業者主導的動態競爭，有一定的軌跡可循，譬如，在早期的管制階段中，業者以大型的規模服務市場，經營環境中缺乏激勵誘因與績效衡量制度，到了動態競爭階段，市場提供強烈的激勵誘因，業者發展出完整的績效衡量制度，業者因為競爭而有大小不同的規模。此外，無論是電信、自來水、電力、航空或陸運產業，全球各國公營事業的轉型，都沿襲某種可預測的發展模式：第一階段是管制平衡、第二階段是結構鬆動、第三階段是認同危機、第四階段是重新定位、第五階段是動態競爭。

在管制平衡的第一階段中，管制者（政府）以整體社會的角度來分配成本、決定業者的財務成果；業者在受保護的狀態下，以垂直整合的組織，儘可能擴充產能提供服務，並以平穩的財務規劃，獲得可靠的投資報酬；消費者缺乏自由選擇的機會，但也能接受這種安排；在此期間，組織內的工程人員、法務與會計人員較受重用。

在結構鬆動的第二階段中，資本不足的小型競爭者開始進入市場；管制者對消費者的關心增加，准許或不得不默許採取利基策略的競爭者進入市場；消費者開始擁有選擇的機會；傳統業者對於進入障礙仍具信心，進一步提供更多的組合性服務；在此期間，組織內員工的心態並無改變。

在認同危機的第三階段中，消費者的期望逐步升高，嘗試選擇新業者所提供的服務；管制者開始懷疑傳統業者的成本與能力，並逐漸與業者持不同的立場；傳統業者開始降價以維持市場占有率，並著手全面控制成本；員工則開始憂慮未來。

在重新定位的第四階段中，消費者愈來愈精明；新競爭者的市場接觸面漸廣，競爭能力愈發顯現，競爭架構愈發清楚；傳統業者不得不著眼於現金流量管制，並重新定義市場；而員工的流動率漸高，行銷及財務專家受重用，並可能從外部聘用。

在動態競爭的第五階段中，管制者關心消費者與公衆權益；傳統業者就原有事業進行投資與重整，試圖以重新定位後之事業與新競爭者進行動態性市場競爭；而員工也較能瞭解企業策略，建立顧客導向的就業心態。

以台灣客運市場的現況爲例，隨著民營化政策的推動、政府以BOT方式大幅進行大衆運輸建

表 10.1　至民國87年1月底已民營化事業及其辦理方式

主管機關	事業名稱	民營化基準日	辦理方式
經濟部	1.中國石油化學	83.6.20	出售股權，公股比例18.87%
	2.中華工程	83.6.22	出售股權，公股比例0%
	3.中國鋼鐵	84.4.12	出售股權，公股比例40.4%
	4.台機鋼品廠	85.5.20	讓售資產（與特定人協議）
	5.台機船舶廠	86.1.10	讓售資產（與特定人協議）
	6.台機合金鋼廠	86.6.30	讓售資產（與特定人協議）
財政部	1.中國產物保險	83.5.5	出售股權，公股比例 36.36%
交通部	1.陽明海運	85.2.15	出售股權，公股比例45.04%
退輔會	1.液化石油汽供應處	85.3.16	標售資產
	2.榮民氣體廠	87.1.1	資產作價與民間投資人合資成立民營公司
台灣省政府	1.彰化銀行	87.1.1	出售股權，公股比例30.72%
	2.華南銀行	87.1.22	出售股權，公股比例41.26%
	3.第一銀行	87.1.22	出售股權，公股比例42.10%
	4.台灣企銀	87.1.22	出售股權，公股比例40.96%
	5.台灣產險	87.1.22	出售股權，公股比例30%

設，以及客運路權的大量釋出，可知台灣客運市場競爭日趨激烈，台汽公司正處於上述模式中的第四到第五階段，亟須重新定位，才能迎接動態競爭的經營環境。

台汽公司重新定位過程中，台灣省政府的既定政策是要求其繼續縮小規模，完成民營化，然而，在台汽民營化的過程中，尚有許多相關利益團體，這些利益團體表達意見的方式與強度，必然會影響台汽民營化的過程。譬如，員工對於工作權與權益補償會有意見；乘客與地方民意代表對於替代客運的服務品質、安全、價格，甚至商業利益會有意見；其他客運業者對於路權開放程度與產業公平性會有意見；債權機構對於台汽償債能力與目前債務處理方式會有意見；而潛在投資者著眼於台汽土地資產或客運運輸所帶來的績效。以上顧慮，顯然是台汽在民營化過程中，必須要面對與克服的現實問題。以目前的情況看來，台汽公司民營化的方向很可能是：

1. 繼續縮小規模至轉虧爲盈、具有投資價值後，再將股票公開發行或由特定投資人接手。
2. 繼續縮小規模，並發展適宜的業務策略（包括土地開發），至轉虧爲盈、具有投資價值後，再將股票公開發行或由特定投資人接手。
3. 繼續縮小規模至一定程度，並將現有債務及部分人員由政府承接，以資產作價的方式另行成立一家具有投資價值的公司。
4. 繼續縮小規模至一定程度後，由勞資雙方共同擬定更有競爭力的經營架構，並將債務及部分人員由政府承接，以資產作價方式另行成立一家具有投資價值的公司。
5. 繼續縮小規模至一定程度後，分割成立若干區域性客運及一家中長途客運公司，使之具有投資價值後，將股票公開發行或由特定投資人接手。當然，無論民營化的方式如何，脫胎換骨後的台汽公司或台汽客運集團，一定要從過去政策導向的經營型態，走向市場導向的經營型態，因此，台汽經營者與員工所要共同迎接的挑戰還有很多。在這個過程中，繼續縮小規模，提升生產力是無可避免的方向。目前（民國八十七年八月），台汽正在進行另一階段的人力精簡，希望將公司縮小成一千五百輛車，三千名員工，一二三條路線。在這樣的結構下，平均每車的人力爲二人，台汽才可以與民間取得大致相當的競爭力。

持續變革

西方國家以及我國公營事業民營化的經驗顯示，公營事業一定要先有良好的體質，民營化才比較容易成功。以中鋼與台機爲例，中鋼的體質良好，民營化釋股自然比較容易；台機則是問題叢叢，上市或上櫃均不可能，只有落得被民間財團凌遲的結果。台汽要走民營化的道路，也必須先改善體質，才有民營化的本錢。就這個方向而言，台汽應該做好幾個工作：

多角化經營

根據台汽公司於民國八十二年十一月提出「積極挽救台汽改善經營方案」，拓展多角化經營措施，成立多角化經營專案小組，負責策劃、推動下列有關業務：

1.發展包車業務。參考民營遊覽車業者費率，簡化包車計費方式，在包車收入超過成本支出之原則下，積極拓展機關、學校、公司行號等團體旅遊。

2.廣告出租。除已開辦出租之車站廣告，中興號及普通車車廂外廣告有經常性固定收入外，規劃擴大廣告媒體出租，如站、場鄰街圍牆出租予其他業者製作廣告，國光號車廂內、外廣告出租，中興號及普通車車廂內廣告出租，招呼站牌廣告出租，椅套、清潔袋及紙杯等行車用品廣告出租等。

3.閒置房地出售。成立閒置土地出售專案小組專責處理，經檢討無須利用之房地共二十八處，預計八十三年度先行處理已編列變賣預算之七處土地。

4.房地產出租。對業務上不需要之房地，規劃予以出租，並將各車站候車室闢出適當空間，出租予金融機關、旅行社等設置提款機、服務台等，以增裕營收。

台汽這幾年已經積極地循著多角化經營方向努力。發展廣告、包車、旅遊專車、房地出租、對外僱車的業務。但是，在多角化經營的過程，客運本業的服務品質絕不能在多角化過程中被輕忽，才能獲得民衆與顧客的支持。

持續人力精簡工作；加強經營人才

員工的生產力不能與民間業者相去太遠，才有競爭力。因此，台汽要將人車之比例調整爲二比一是個合理的方向。但是，所謂的精簡，並不是簡而已，也包括精。換言之，人力素質的提升必須配合人力的縮減。因此，人才培訓工作、企業文化的改造、養成員工學習的習慣、發揮員工創新能力等都不能忽視。以既有的人力結構，台汽雖然持續辦理教育訓練，但因爲人事更迭頻繁，員工年齡層偏高，員工素質的提升與轉型的確是個很大的挑戰。

組織流程與文化的調整

台汽是公營事業，難免有比較官僚的行政作業流程。例如，預算或採購程序都必須依照漫長無彈性的行政規定。目前以各站爲基礎的利潤中心制度，成效如何，是否有改善的空間，值得進一步檢討。在組織變革的過程中，高階主管的決心是成敗的關鍵。由於一般人都不喜歡變革，傾向於抗拒變革，高階主管常常被迫要採取強制獨斷的手段。這時候，組織所面對的主要危機是溝通不良、士氣低落，領導人處在這樣的環境，更應特別注意領導統御的技能。前面論及台汽的人力精簡，除了簡之外，也要精。所以台汽在面對嚴峻的挑戰，對於領導幹部的教育訓練，尤其不可輕忽。

全新的接駁專車，安全、舒適、便捷，深獲旅客好評。

台汽公司民營化執行方案——勤業、理律、森海

台汽公司已於民國八十七年七月發包，聘請由勤業管理顧問公司、理律法律事務所、森海國際工程顧問公司，組成的專業經營團隊，協助台汽公司執行民營化措施。目前，由勤業公司提出的民營化執行方案中，專案目標在於規劃民營化執行方案，以期使台汽公司能夠提早於民國九十年六月以前，完成民營化。專案執行的原則有二個：一、不排除時程提前；二、追求永續經營。該團隊認為台汽欲達成民營化所面臨之重要課題為：

1. 台汽民營化後事業經營之重新定位。
2. 營運重整目標及策略方向。
3. 財務重整目標及方式。
4. 民營化方式及時程。

◆事業經營重新定位

台汽之定位將為兼具場站開發營運之中短程與接駁汽車客運公司，以配合產業未來發展趨勢以及台汽之優劣勢。

◆營運重整目標及策略方向

在這一部分，勤業建議台汽檢討路線、改善本業經營效率，有效管理營運成本，並在短期（一

一二年）內減少本業虧損，長期（三—五年）轉虧為盈。同時，台汽須考量未來的營運定位，逐步建構所需的資源與能力。另一方面，台汽也需要釐清客運本業營運所需資產，包含必要之車站、檢修場等；其餘資產劃分為非營運資產另行處理，以期解決高額債務並提高資產的利用效益。

台汽公司現有六〇三筆土地，並預計由鐵路局移撥九筆尚未完成移撥之土地，共六一二筆。根據勤業之估計，台汽營運所需用地九十七筆，計17萬2千平方米，公告現值約五十八億；非營運所需用地五一五筆，計52萬6千平方米，公告現值約一五五億。在釐清營運及非營運所需資產後，台汽可採行五大營運重整策略方向，分別是：檢討並調整營運路線、調整組織架構、調整人力結構、合理化薪資獎金結構、建構場站開發能力。

◆財務重整目標及方式

在財務重整目標上，台汽需要建立較健全的財務結構，並擁有適當的資產規模。根據八十七年台汽之決算，台汽現有資產四〇三億，負債三八五億，業主權益為十八億。財務重整之後的目標為，資產一五〇億，負債六十億，業主權益九十億。在重整的過程中，預計在八十八年底前需要資金三九〇億八千萬元，資金來源主要有二：一為處理非營運所需資產，包括出售與民間或政府出資購回；二為政府專案補助。無論那種方式，政府的支持是財務重整成功的關鍵因素。

◆民營化方式及時程

由於公路客運產業已在逐步自由化，市場競爭日益激烈，台汽公司在現有公營體制下對環境變化的因應速度較慢，提前民營化有利於營運重整之進行。此外，台汽公司財務負擔沈重，民營化時程延後將使財務狀況更行惡化，增加財務重整所需資金，不利於民營化推動。

由於台汽公司於短期內（一一二年）透過自行處理非營運資產達成財務重整目標之可能性極微，故除非政府願意於短期內提供鉅額財務協助，否則出售股權方式較不可行。在政府承諾協助台汽公司處理非營運資產，並給予逐步解決其留存債務之緩衝時間的前提下，以資產作價與民間合資成立民營公司為較合適的民營化方式。資產作價移轉成立新公司之過程如下：

1. 台汽公司釐清未來新公司營運所需資產，並進行資產重估鑑價，所得價值加上更新設備及營運週轉資金，即約為新公司之資產總額（估計約一三五億元）。
2. 決定新公司資本額（規劃為九十億）及台汽公司預定持股比例（規劃為45%）。
3. 台汽公司提交價值約四十億（九十億之45%）之資產抵繳股款，民間投資人繳交約五十億元資金入股，新公司成立。
4. 新公司以股款及借貸資金購入原台汽公司抵繳股款之外的其他營運所需資產，並接收部分台汽公司人員，新公司開始營運。
5. 台汽公司之非營運所需資產及債務則留於原公司內逐步處理。

改善外在經營環境

據瞭解，目前的客運業者有一半以上處於虧損經營狀態，會有這樣的問題，與整體經營環境相關。主要的問題包括與政府並沒有積極的大衆運輸政策有關。大衆運輸的良性發展，對於交通、環保、能源等問題的解決都十分重要。然而，政府對於大衆運輸的政策並沒有一套一致性的作法。一方面要抑制自用車的成長，另一方面卻不斷的降低自用車的稅率並擴大開放進口。事實上，政府在商圈、生活圈的規劃上，在交通上的考慮都朝自用車方向規劃。對於大衆客運公司並沒有特別的獎勵措施，反而有諸多的限制。因此，台汽在改善自身體質之外，也需要聯合同業，共同爭取更合理的客運發展空間。在這方面，台汽與其他業者可以努力的方向包括：爭取客運業者租稅減免；改善道路行駛條件，如高速公路上開闢大客車行駛專業道；客運費率的合理化等等。

現代企業經營強調競合的觀念，同業之間處於既競爭又合作的關係。台汽必須與同業共同努力地開拓客運市場與業務，增加更好的經營空間。然後，業者之間的競爭才有意義，否則，各業者只是互相爭奪日益萎縮的業務，到頭來，沒有任何的客運業者可以繼續經營。若是到了這樣的結局，將不僅是台汽的悲哀，全民也都將成爲輸家。

【參考書目】

(一)原紹曾(1996)，〈談台灣汽車客運公司的盛衰及脫困之路〉，《台汽工會會訊》，29期，頁18-23。

台汽旅遊專車，提昇您的休閒品質。

一流的駕駛技術讓旅客可安心欣賞蘇花公路沿途的風景。

11

結論

從璀璨到平淡

台汽公司伴隨著台灣人民走過了半個世紀。許多人的美好回憶中，有「星期日上午八點，公路局西站集合」往郊外踏青去；許多人的生活經驗中，有搭乘金馬號往遠方探親的故事。從早期的公路局到後來的台汽，台汽是台灣經驗中不可或缺的一部份，也見證了台灣的蛻變。到現在爲止，在衆多大衆運輸公司的競爭下，台汽公司所提供的大衆運輸工具仍是專業、安全、可靠的保証。

在那段光輝的歲月裡，台汽員工的待遇好，在客運運輸尖峰時期，一般民衆一票難求。台汽從成立到民國七十六年爲止，年年有盈餘，累計盈餘達二十四億之多，台汽的員工則曾經達一萬五千人之多，那時候的台汽是多麼的風光啊！這一切似乎都還清清楚楚的在每個台汽員工的記憶中，也似乎還在許多國民的回憶中。

就整個經營的大環境而言，由於科技與觀念的改變，所有原本具有自然獨佔性質（nature monopoly）的事業都已從壟斷走向開放，獨占走向競爭。因此，舉凡大衆運輸、電力、水力、電信等事業，都必須面臨開放競爭的生態變化。台汽自然也不能免於這樣的大趨勢。因此，台汽從獨占市場走向競爭市場，從璀璨走向平淡，實在是不可避免的趨勢。但是，在這個轉型變化的過程中，的確有很多措施，値得檢討，可供其他公營事業參考借鏡之處。

事實上，台汽的許多員工都是盡心盡力的爲公司服務，台汽的轉型應可以更順利、更圓滿。台汽會有今天的困境，歷任公司的經營者與員工多少有些責任，但絕非主要因素，政府公共政策的疏失，以及公營事業的制度問題，才是眞正的問題根源。

在第3章，本書明白指出政府公共政策上，造成台汽今天的困厄。這些主要的疏失包括：

1. 政府交通運輸政策不明確。如，鐵公路運輸之間的協調配合；大衆運輸與自用小汽車開放態度的政策規劃。

2. 公權力不彰，形成非法業者或民間業者以不公平之競爭手法取得競爭優勢。

3. 民間遊覽車的租、買斷政策，大量接收民間性能不佳的遊覽車，也大量的接收民間遊覽車服務人員，衝擊台汽原有的組織文化與管理系統，種下人事與財務惡化的禍根。

4. 工會法與勞基法的實施。作爲公營事業，台汽有義務與責任遵守兩個法。但是，這兩個法並沒有考慮到交通事業的特殊性，許多民間業者未必遵守，因而對台汽造成不公平競爭。

5. 採購車輛的政治考慮。由於政治因素的考量，台汽常常無法以公司之最佳利益來考慮車輛採購的決策。

6. 軍職轉任的影響。早期公路局以及台汽公司受到軍方系統的影響很深。無論是董事長、總經理或者基層員工都有許多軍職轉任人員。這些軍職轉任人員未必了解客運業務，更有甚者，由於軍職比敘的影響，許多轉任之軍職人員職位雖然不高，但是職階與年資卻很高，嚴重影響士氣。

7. 公路局退休員工退休金。台汽公司承接公路局時期退休的員工共七千八百人，這些人的退休金總共有三十三億之多，造成台汽很大的財務負擔。

當然，我們也不能忽視，台汽內部的經營管理不當也必須爲今天台汽的窘境負責。在民國七十年代初期，台汽對於未來的市場估計過於樂觀，大量的招募新人，租買民間遊覽車，完全沒有參考先進國家的發展經驗。在人事管理方面，遵守勞基法，造成人事成本增加。此外，在績效獎金的發放、車輛維修保養的成本上，均有可議之處。在第七章，我們以日本國鐵為例，說明日本國鐵在民營化前的經營困境主因有三：

1. 外來（政治）干預影響經營效率。
2. 喪失經營自主權，經營責任不明。
3. 不正常的勞資關係；營業範圍受限制。

這些問題與台汽之問題，可說如出一轍。台汽從璀璨到平淡，其實是歷史的必然。或許，政府決策者或台汽高階經營者要擔負決策錯誤的責任；或許，要任何一個人負責是過於沈重。但是，這幾年的台汽公司以及台汽員工卻要還清沈重的歷史負擔，還清沈重的歷史債務，對台汽目前所有的員工而言，都是情何以堪。然而，他們既然無法逃避，只有勇敢面對現實，台汽在八十五年的急速變革，就是在這種必須面對現實的背景下展開的。

急速變革的功過

在前十章中，本書很詳細的記錄了台汽從興轉衰的歷程。在這個歷程中，最引人注目的台汽經驗是急速變革。台汽人數最多的時候是在民國七十四年，那時候台汽有一五八六〇人。後來，在遇缺不補的政策下，台汽人員逐年減少，到現任董事長陳武雄接任之前，台汽一直維持在一萬人以上。但在陳武雄「提高效率、精緻經營」的政策下，台汽的人員急速縮減。到民國八十六年三月，員工已經縮減至四七一一人。現在，台汽又進行另一波的人力精簡，希望能將人力縮減至三千人，車輛一千五百輛，路線一二三條。本書第5、6章對於台汽急速變革的過程，有十分詳盡的記載。究竟這樣的急速變革有何功過？

讓我們先回想一下，陳武雄接任台汽董事長時的台汽處在什麼狀態下？陳武雄在民國八十二年六月接任台汽董事長時，台汽的長短期債務已經接近一百八十億，八十二年的虧損達五十四億之多，公司的業主權益幾近於零，隨時有破產之虞。面對這樣的公司財務體質，以及大眾運輸經營環境的持續惡化，台汽不樂觀的前途，可說是十分明確。如果台汽要維持生存，台汽所能做的選擇，十分有限，必須在財務以及人力兩方面同時著手。在財務方面，公司必須增資、進行資產重估、出售土地還清部份債務，才有可能避免破產；在人力方面，公司必須精簡人事、縮小經營規模，才有可能縮小虧損規模。而這正是陳武雄上任後最重要的工作。或許有人認為，公司應該增加營業外收入，或者提高載客率來改善財務結構，以彌補財務困難，但是，那些都是杯水車薪。

所以，從公司經營的角度來看，人力精簡、縮小編制是台汽非走不可的路，別無選擇。然而，雖然是非走不可的路，台汽可以走得很平順，也可以走得很崎嶇。在台汽的人力精簡過程，可說是相當平和。這與陳武雄具有人事背景、善於溝通，與省府以及省議會關係良好，以及工會的立場，都有關係。陳武雄因為有前省長宋楚瑜先生的支持，勇於任事，並有強烈的企圖心，他不能讓台汽在他任內破產。另一方面，在理事長包乃強的領導下，工會基本上同意台汽一定需要精簡。

雖然工會曾經到省府抗爭，但都算平和理性，工會也替員工爭取到相當優厚的資遣條件。基本上，員工也都採取自願的方式選擇資遣，就資遣過程而言，可以說是在和平理性中完成。

至於被資遣的員工出路如何，嚴格而論，已非台汽所能控制或干預了。台汽所能做的只是替員工爭取轉業機會（如鐵路局、公路局）、轉業訓練。從企業經營的角度來看，當企業面對經營困境而必須裁員時，被裁員工所可能帶來的社會問題，屬於政府之責任。可是台汽既為公營，並不應該以效率為唯一之經營考慮，比之民間企業，更應該注意裁員所可能引起的社會問題。然而，第七章曾經論及，公營事業民營化或市場效率化是擋不住的趨勢。公營事業要負擔市場效率之外的社會正義是個過時的觀念，在英國柴契爾夫人所掀起的民營化風潮下，公營事業很難再以社會正義規避營運不善的責任。

基本上，本書認為台汽之急速變革相當成功，也達到台汽所訂定的目標。但是，台汽免於破產的恐懼有如揮不去的夢魘，一次一次的來襲，並沒有因為急速變革而消失。台汽一再的精簡人力，雖然大幅的降低每年的營運虧損，但是因為要支付退休人員的月退休金，加上債務利息，每年累積債務持續的增加。前面曾經論及，人力精簡的成功只是台汽改變命運的一半工作，另一半工作則是降低或還清歷年累積債務。除非台汽能將歷年累積債務一筆勾消，否則台汽仍然難逃破產的威脅。就這一點而言，陳武雄手中的籌碼似乎有限，因為，在省政府財政困難的情形下，不可能輕易答應承擔台汽的歷史債務。陳武雄以及台汽高階主管，只有一面人力精簡，另一面設法清理台汽資產爭取營業外財務資源，壓力之大，非外人所能想像。

台汽經驗的啓示

從公路局時代到今天的台汽，這五十年的台汽經驗，帶給我們許多值得借鏡的教訓。本書在此做一陳述，做爲總結。

企業經營要回歸企業經營基本面

台汽是一家公司，受市場規律的影響。企業經營要回歸企業經營的基本面，不宜有其他與企業經營無直接關係的力量介入。早期的台汽經營，軍方力量很大，以管理軍隊的方式經營企業；後期的台汽，則免不了公務員的觀念經營台汽。除此之外，公營事業執行其他非經營面的政策，免不了要干擾市場機能，又如政治人物進行不合理的干預，也帶給台汽許多不必要的壓力與困擾。公營事業之所以要民營化，最重要的原因就是要讓市場的歸市場，政治的歸政治。就當今我國的政治體制環境與趨勢而言，所有的公營事業終將免不了民營化一途。

企業經營要避免獨占壟斷

企業經營要避免獨占壟斷，要開放合理的競爭環境，企業與民衆都能獲得更多的福利。在我們與台汽員工訪問的經驗中，我們發現絕大部分台汽員工都體認到，台汽必須要面對市場開放競爭的事實，台汽所面對的經營環境日益險峻。這些員工也都有願意爲公司努力的決心，但是，有許多人仍然希望政府將台汽改制爲一如鐵路局的非公司型態大衆公用事業。他們認爲，這樣的安排才不至於使政府與民衆受到民間客運的要脅。但是，就整個政治環境與氣氛而言，台汽民營化已是既定政策，台汽的挑戰應該是如何讓台汽在民營化之後，仍能維持安全、專業、高品質的形象，同時，也能維護既有員工的工作權。

公營事業若要成功的民營化，必須先改善經營體質

台汽近年來的急速變革，檢討行駛路線，提高經營效率等工作，皆是必要的措施。至於變革的過程、路線釋放的合理性等問題，則是另外一個議題。基本上，有效的組織變革，需要明確的發展策略。公司若是只知道縮減經營規模，而沒有基本策略，組織變革很難成功。就台汽而言，其基本策略應該是走民營化方向，以及發展客運週邊事業。在這樣的策略下，台汽必須同時調整人事與財務結構。台汽在調整人事結構上，績效卓著，但在財務結構上卻未見有效的改善。財務結構的調整最主要的工作是累積債務的出清。就這一點而言，已非台汽所能掌控，省政府的態度與支持是關鍵。但是，在精省的政策下，台汽並不是台灣省的首要之務。台汽只有一再的面對破產威脅了。

工會的層次與結構需要改善

大體而言，所有的產業工會都受到體制與環境條件的限制，參與者的教育訓練層次不高，因

應挑戰的策略與能力也不夠。面對公營事業體制的轉變，工會應該及早認清事實，而不是一味的抗拒。因此，工會應該與資方代表共同研擬公司轉型策略，製造雙贏。若是只知道抗爭而不知道必要的「委屈求全」，到頭來終將雙輸。無論是經營者或是工會，若是都能夠多體諒對方的處境，雙贏才有可能。從台汽成立以來，工會的力量就相當的強大。但是，這個強大指的是工會透過動員的力量，要脅資方增加員工福利的力量，早期工會的經驗是不斷的「贏」，但是，卻也造成今日「雙輸」的局面。對於公司應該如何因應體質惡化的問題，工會並沒有太多的思考。在面對急速變革的政策，工會其實相當配合資方的方向，所爭取的也是更優惠的資遣方案罷了。就這一點而言，工會的作法並沒有錯，但是，如果工會與資方有更高層次的策略合作與思考，台汽可以得到更多民衆的支持。

組織變革應注意劣幣驅逐良幣現象

許多企業的人力精簡，都造成優秀的人員志願離職，能力較差的員工不肯離職。其實，這是一個合理的現象，優秀的員工不愁沒有去處，能力較差的員工害怕面對外在世界的挑戰。台汽的人力精簡過程中，也免不了有這個現象。例如，生財最重要的駕駛員比較樂於接受資遣，人數過多的維修技工不願意離職。而且，公司持續的壓力，許多中高階主管的士氣難免低落，有辦法的人自然會設法轉任其他機構。組織變革有賴中高階主管的執行，若是不夠穩定，則不利於企業之長期發展。要克服這個困難，公司的最高主管應與中高階主管形成更良好的溝通氣氛，凝聚公司願景。重要幹部要看得到公司與自己的前途，才會願意共體時艱，面對挑戰。

領導人決心是組織變革成敗關鍵

幾乎每一個人都會抗拒變革。變革的阻力困難隨時隨地都可能出現。領導人必須能堅持既定方向，抱著雖千萬人吾往矣的決心，推動組織變革。台汽自從陳武雄接任董事長之後，能夠將人員精簡到一半以上，此間之困難可以想見。假定陳董事長上任一年兩年之後就離開台汽，那麼台汽之急速變革勢必半途而廢，後繼者將難以為繼。台汽今天可能早已破產，陷入更難解決的困境。正因為持續變革需要強勢領導，這或許是宋楚瑜在民國八十五年期勉陳武雄續任董事長的重要因素。

組織變革須靠持續耐心的溝通與訓練

組織變革不能光憑高階主管推動。從上到下，全體員工的積極合作才能保證成功。組織變革不是表面上組織部門或員工人數的調整，更是員工心態、企業經營理念的調整。唯有透過溝通與訓練，才可能進行大規模的組織變革。台汽從八十四年到八十七年四月共辦理了一百七十五次講習訓練，與會員工高達一萬零三百三十四次。每位員工幾乎都親自從董事長或高階主管口中，了解公司的政策、方向、現況。許多人之所以抗拒變革，不是因為不想變，而是因為不喜歡不確定的感覺。溝通與訓練是降低不確定感的重要方法。目前，我國許多公營事業在面臨民營化轉型時，也常發生嚴重的勞資溝通問題。台汽的經驗告訴我們，公司在從事組織變革前，應該先進行充分的溝通與訓練，才能夠從根本上改變員工的心態，以正面的態度面對組織變革。

民國83年國際扶輪社年會在台北召開，支援專車250輛，圓滿達成任務，深受國際友人嘉許。

多角化經營是台汽求新求變走向民營化的第一步。

附錄

成功的組織改造策略

前言（註一）

「組織改造」是八〇年代中期以來最重要的管理概念之一。所謂「組織改造」，是組織所進行的全面、深入、對組織績效有重大影響的改變，又可稱之爲「組織轉型」(corporate transformation or reorientation)、「組織變革」(revolutionary organizational change or frame-breaking change)或「大規模組織改變」(large-scale organizational change)。

由於八〇年代中期以來競爭全球化、資訊科技發展快速，企業面臨經營環境前所未有的大變動，長期成功的企業相繼受挫，於是，併購(M&A)、重組(restructuring)、規模縮減(downsizing)、流程改造(process reengineering)、全面品質管理等與組織改造有關的活動，盛行於歐美企業界，使得組織改造成爲企業經營者與管理學者共同關心的焦點。學者並因此逐漸發展出企業演進的間斷均衡模式(punctuated equilibrium model)，宣稱企業成長的典型過程係由長期的漸進改善階段與短期的不連續改造階段兩相交替的過程，確認了階段性組織改造在企業經營管理上的正當性。近年來，Tushman and O'Reilly (1996, 1997) 甚至進一步強調，擁有改善與創新能力，並兼顧演進與變革的「雙元組織」(ambidextrous organization)，才是長期經營成功的組織模式。

雖然企業成長的間斷均衡模式或雙元組織論，都指出企業成長必然經歷兩種階段或擁有兩種能力，但是，學者的重點其實都放在如何有效管理組織的不連續改造階段，也就是如何克服企業成功後的頓挫或如何進行組織的改造上。譬如，Tushman and O'Reilly (1997) 整理領先產品創新公司的經驗，發現企業成功後頓挫的例子竟然普遍發生在各式各樣的產業，如表一所示。兩人以爲，

表一　頓挫的產品贏家

ICI（化學）	SSIH（手錶）
IBM（個人電腦）	歐提康（助聽器）
柯達（攝影）	美國銀行（金融服務）
西爾斯（零售）	固特異（輪胎）
通用汽車（汽車）	拍立得（攝影）
安佩克斯（錄影機）	博士倫（Bausch and Lomb，視力用品）
溫絜斯特（磁碟機）	史密斯可樂娜（打字機）
美國鋼鐵（鋼鐵）	富士全錄（影印機）
辛特克斯（Syntex，製藥）	增你智（電視機）
飛利浦（電子）	EMI（電腦斷層掃描儀）
福斯汽車（汽車）	哈雷（機車）

資料來源：Tushman and O'Reilly (1997)，周旭華譯，《勇於創新：組織的改造與重生》，天下文化，頁17。

這是因為這些組織在面對技術、競爭或法律規範發生變化的企業成長不連續改造階段，管理不當所致；反之，長期成功的企業，如奇異醫療系統、惠普印表機、視康、微軟與英代爾，則能於必要時克服組織慣性，透過創新與改造，將今日的成功轉換為明日的勝利，因此，兩人乃試圖提供成功組織改造的建議與指南。換言之，組織改造不但是企業長期經營成功的必要條件，如何有效進行組織改造也已成為現代企業領導者的必備技能之一。

組織改造的基本觀念

組織改造下的管理者與管理工作

企業在漸進改善階段的管理工作與不連續改造階段的管理工作迥然不同。漸進改善階段的管理任務，是在企業現有的營運架構下，點點滴滴、日積月累地促使既有的運作更為完美流暢，而改造則是試圖改變企業現有的營運架構，突破現狀，使企業活力再現，甚至再造重生。面對不同的管理任務，企業領導者需要不同的管理知識與能力。

根據八○年代中期之前的管理理論，任何成功的企業，都反映組織內外在環境的動態調和，也就是策略、結構、制度、核心能力、領導風格、人員與企業文化的動態調和。然而，由於這種調和通常不完美，而且環境不斷會產生波動，因此，企業便需要花長時間進行微調 (fine-turning)與漸進調適 (incremental adjustment)，譬如，新地理市場的開拓、重點產品的轉移，或是製造技術的改善。Tushman, Newman and Romanelli (1986) 指出，一般認為，「任何企業都可以容忍百分之十的變動」，在這樣的變動中，多數人已認可改變的必要性，並已有數個方案納入考慮；人們參與這些方案的討論與評估，甚至有時間試行、習慣新方案的運作；這類改變所產生的不確定感，是在員工的可接受範圍，同時，這樣的管理工作也是一般管理者所能理解、所熟知的。

反之，組織改造的管理工作不但尚不為一般管理者所理解，組織改造還因為會對員工產生重大的利益衝擊，並需要大幅改變組織成員的工作習慣、想法和能力，造成多數員工的不適應與痛苦（參閱表二與表三），容易遭致員工的抗拒，以致成功率不高，更重要的是，研究資料顯示，既有的組織改造案例中，80％係結合新舊領導者的世代交替、四分之三係由外來的新領導者所發動；而麥金塞顧問公司的研究也顯示，在八十五家進行組織改造的企業樣本中，三分之二的推動者是外來的新領導人。因此，組織改造實在是艱鉅而令人感到矛盾的管理工作。組織改造之所以艱鉅，是因為現有的管理知識不足，又面對龐大的抗拒力量，成功率低；組織改造之所以令人感到矛盾，則是因為改造的矛頭往往第一個就是針對高階主管自己，同時，多數組織改造的手段與過程也容易讓領導者毀譽參半。

組織改造的類型

根據組織改造的急迫性，吾人很容易就可以將組織改造區分為後應式（reactive）與先應式（proactive）兩種型態。所謂後應式組織改造，是指企業與環境的互利共生關係已經明顯變化，原先長期構築的營運架構已然失效，經營出現危機時，企業所進行的組織改造；反之，在企業尚無明顯危機時，所進行的組織改造，則稱之為先應式組織改造。

Tushman, Newman 和 Romanelli (1986) 指出，根據加拿大 McGill 大學與美國哥倫比亞大學的合作研究發現，已知的企業變革個案多半是危機觸動的後應式組織改造，先應式組織改造需要高瞻遠矚型領導者的推動。

組織改造固然是變動幅度大，因而會引起大量抗拒的改變，但是，時間可以緩和組織改造帶給關係人的衝擊，讓關係人有較長的時間適應新現實。譬如，改造可以分段實施，漸次進行，

表二　九〇年代組織改造聲中的大規模裁員

公司	宣告日	預定完成日	受影響員工比例	累計資遣員工數
IBM	12/8/94	1995	30%	122,000
AT&T	2/11/94	1995	25%	83,000
通用汽車	12/15/92	1995	20%	74,000
波音飛機	5/24/95	1995	37%	31,000
UPS	12/5/92	1996	N.A.	55,000
西爾斯	1/25/93	1993	15%	50,000
麥克道格拉斯飛機	1/25/93	1993	20%	21,000
DEC	7/19/94	1994	22%	20,000

資料來源：Kirk, "When surviving is not enough." *New York Times*, 25, June 1995, p.11.

表三　成功組織改造案例中典型的措施

	奇異公司	西爾斯	飛利浦
1. 推動者	Welch	Martinez	Timmer
2. 人員縮減	資遣或裁撤17萬名員工	資遣5萬名員工	資遣10餘萬名員工
3. 更換主管	更換三分之二事業群負責人		14位高階主管中更換12位
4. 組織扁平化	裁撤事業體階層		
5. 資產或事業買賣	出售110億美金的事業，買進260億美金的事業	關閉一百多家分店、廉售保險與金融服務業、結束型錄事業	關閉350多處生產據點
6. 績效	股價於十年間上漲五倍（同期間財星五百大企業上漲兩倍）	1992年虧29億美金，1994年盈餘8.9億美金	1990年虧損23億美金，1992年盈餘10億美金

資料來源：整理自吳鄭重 (1993) 的《奇異傳奇》與周旭華 (1998) 的《勇於創新》。

表四　組織改造的類型

類型	轉折	轉型
先應式	先應式轉折改造	先應式轉型改造
後應式	後應式轉折改造	後應式轉型改造

以便爭取關係人的認同，降低不確定性與抗拒力。因此，組織改造可以依推動過程區分爲轉折改造（breakpoint or turnaround）與轉型改造（transformation or reorientation）兩類。轉折改造是狹義的組織改造，推動的速度快，手段激烈，遭遇的抗拒也大，轉型改造則是以較和緩的速度與手段推動改造，遭遇的阻力較小；而無論是先應式或後應式變革，都可能以轉型的方式進行，也都可以轉折的方式進行，如表四所示，其中，最理想的方式應該是先應式轉型改造，而以後應式轉折改造的案例最多（註二）。

組織改造的動力

由於組織改造的阻力甚大，因此改造的起動必然有其客觀條件，Kanter, Stein and Todd (1992) 歸納出三點：

1. 企業內部權力系統的變遷，譬如所有權的轉移或經營者的變動。通常這類變動會導入新的經營觀點，間接導致組織改造。
2. 企業成長過程中內生的變遷，主要指的是企業生命週期階段的轉變。
3. 產業環境的變遷，譬如市場的轉變、原料價格的變動、政府管制解除與新型競爭者的進入等。

組織改造除了需要客觀條件，也需要主觀條件。如前所述，組織改造的第一步是高階主管的改造，如果企業領導者認爲推動組織改造對其有實質或心理威脅時，當然不會推動組織改造。經驗顯示，組織改造90％是在高階經營團隊引導下進行的，而大約只有10％是由原來的經營團隊所推動的（註三）。

換言之，組織改造的直接動力是對組織績效的不滿，而對組織績效的不滿，則來自經營環境的不利變動與經營者抱負水準的改變。由於經營環境與企業整體營運架構出現裂縫，因此企業經營的結果自然出現落差；至於經營者抱負水準的改變，有可能來自新的競爭標竿或原任經營者的經營步伐調整（註四），但多半與新高階主管的就任有關。

此外，組織改造動力的蓄積有其一定的過程，通常經營者會先致力於降低成本與提升效率，進而嘗試調整產品或市場策略，如果這些措施都不能見效之後，才會進行全面性的組織改造。

成功的組織改造

組織改造如何才算成功？進而言之，什麼才是組織改造的本質與目標？學者之間頗有爭論。如表三曾經列示三家較常被提及的組織改造成功案例，係以年度盈餘和股價（公司價值）做爲判斷組織改造成敗的標準，然而，由於這些公司組織改造的典型作風是關廠、裁員、買賣事業，對員工造成巨大衝擊，因此引起不少爭議。此外，達成既定目標的階段性組織改造，也不見得能保證企業經營長期獲利。

Blumenthal and Haspeslagh (1994) 在嘗試界定何謂組織改造時，強調凡是組織改造，必須涉及工作方法與大多數員工工作行爲的改變，因此，他們認爲組織改造不同於買賣事業、改變結構的組織重組和併購，而成功的組織改造便是能讓員工工作行爲改變制度化的改造；同時，他們根據改造的深度，區分組織改造的類型爲改善作業、策略轉折與組織自我更新三種型態，其中，自我更新型的組織改造是最高層次的改造，可以讓組織避免遭遇改善作業型與策略轉折型的改造。

徐聯恩（1996）在試圖澄清組織改造的觀念時，也曾經提出組織改造的4R觀念架構：第一個R是觀念變革（Reframe），包括思維邏輯或典範的改變、危機或機會的確認、遠景的創造與企業使命的重新定義；第二個R是結構變革（Restructure），包括人事精簡、關廠、結構扁平化與流程改造；第三個R是策略變革（Revitalize），也就是爲企業找到新產品、新市場、新的發展空間；第四個R是文化與能力變革（Renew），包括建立新的獎酬制度、讓成員獲得新能力、建立學習型組織、塑造新企業文化。

他認爲，有效的組織改造是4R的綜合運用，譬如轉型改造的過程是高階主管先觀念變革、繼之企業進行策略變革，而後組織進行結構變革；轉折改造的過程則通常是董事會先發生結構變革或觀念變革、然後是組織進行結構變革；而高階主管觀念變革是組織改造的起點、結構變革是組織改造的標誌、策略變革是組織改造的生機、能力領域的變革是組織改造的最高境界，換言之，同樣認爲組織改造的成敗標準有層次之分：結構變革可以在短期內改善企業的財務盈虧，策略變革可以確保企業中長期的獲利率，而文化與能力的變革才是企業經營的最高境界。

後應式轉折改造的成功經驗

歐美企業組織改造的案例甚多，主要的案例以後應式轉折改造為主，奇異公司的先應式轉折改造是唯一的例外。除了研究資料外，也有許多推介組織改造方法與改造者現身說法的著作，前者如鼓吹流程改造的《改造企業》（楊幼蘭譯，牛頓出版）、推介成功組織轉型八步驟的《企業成功轉型》（邱如美譯，天下文化出版）、推介組織轉型模式的《企業蛻變》（宋偉航譯，麥格羅希爾台灣分公司出版）、強調改造與創新同步進行的《勇於創新》（周旭華譯，天下出版），後者如《奇異傳奇》（吳鄭重譯，智庫文化出版）、《全錄市場爭霸戰》（黃賢楨譯，台北立言堂出版）、介紹國家半導體成功轉型經驗的《轉虧為盈》（呂錦珍譯，天下文化出版），以及整理 Intel 公司成功轉型經驗的《十倍速時代》（王平原譯，大塊文化出版）等。此外，九〇年代以來管理觀念的先驅研究者不斷提倡策略革命、經營理論的創新，可參考徐聯恩在世界經理文摘連載的〈企業變革新論專欄〉（民國八十五年，120期至125期）。以下則擬就國內案例探討後應式轉折改造的成功經驗。

徐聯恩（1994）曾經就國內三個經營遭遇困境的組織（宏碁、台機與台鐵）與四家重整成功的上市公司（國豐、楊鐵、寶隆與中信），分別進行組織改造之過程研究與事後研究，並將後應式轉折改造的管理，歸納其成功的經驗與原則。茲分述如下：

（一）企業經營危機主要與產業環境的不景氣有關，其次是競爭策略對產業不景氣的容忍程度。

理由：四家樣本公司之所以爆發財務危機，都與各該產業不景氣有關；而以大規模營運，從事外銷的國豐（合板業者）；運用社會信用，大量舉債，尋求快速成長的楊鐵

（工具機業者）；以購併方式快速追求垂直整合的寶隆（造紙業者）；以涉險運用高財務槓桿的中信（不動產開發業者），則是產業中受不景氣衝擊較為劇烈的策略群組。

（二）除非產業景氣確實處於擴張期，否則企業經營不宜運用高財務槓桿，提高財務風險。（財務風險將擴大營運風險對企業所造成之衝擊，容易造成週轉不靈的危機。）

理由：四家樣本公司都在遭遇產業不景氣的衝擊時，由於鉅額負債，以致面臨週轉不靈之窘境。因此，當營運風險提高時，企業應以增資籌措資金，降低財務風險，而不宜繼續舉債，以免造成財務與營運加成的雙重風險。

（三）企業面臨可能的經營危機時，應以縮減規模、降低營運風險為主要對策。

理由：在面臨可能的經營危機時，國豐仍然延續過去擴張經營的策略，大舉購買新原木；楊鐵繼續舉債購併美國經銷通路；寶隆也進一步舉債擴建新廠，以致擴大營運問題的複雜度與財務困境的嚴重性。這些公司直至重整時，才紛紛採取縮減規模、降低營運風險的策略。同樣，宏碁在面臨危機時，仍然購併美國高圖斯公司；台機也試圖增加新投資案，以取得營運資金，然而，這些擴大規模、提高營運風險的做法，都使得受困企業的營運狀況愈發困窘。

（四）企業在面臨週轉不靈之危機，並無法及時取得股東支持（增資）時，宜申請重整。

理由：企業在無法及時取得股東支持下，若能獲准重整，可以限制債權人行使債權，爭取時間，避免資產遭到賤售，並有利於凝聚組織改造的動力，降低改造的阻力，並能激發全員尋求營運之轉機。

（五）企業重整是否順利成功，主要決定於企業是否擁有雄厚的資產，營運是否轉機則居次要地位。

理由：四家重整成功的樣本公司經驗顯示，不動產不但變現性最高、折價最低，甚至還有增值效果，因此，不動產的質量決定企業重整是否順利成功。反之，楊鐵因舉債用於投資設備，土地資產較少，重整過程便相對較爲吃力，同時，即使資訊業逐漸復甦，國豐與宏碁若缺乏出售不動產資金之挹注，恐怕首先便難以順利渡過財務危機。

（六）企業遭逢重大財務危機後或進行重整時，應設法透過協商談判，調整利害關係人的權利義務關係，以待營運之轉機（所謂調整利害關係人的權利義務關係，依優先順序包括增資、減薪、裁員、減資、債權折讓或以債作股、增資）。

理由：企業之所以週轉不靈，明顯表示營收狀況不佳，而營收狀況通常無法於短期間內改變，因此，第一步應尋求股東支持，以增資方式充實營運資金，其次，應縮減營運規模或成本，進行減薪或裁員，然後，爲尋求債權人的支持，股東應率先減資，鼓勵債權人以債作股，最後，正如創業一般，由股東率先再度增資（四家樣本公司中有三家促成債權折讓）。

（七）組織改造策略之設計應兼顧收益面與成本面。

理由：一般改造策略通常著眼於壓縮成本，造成供應商與員工的壓力，影響士氣，並極可能造成產品品質降低或發生公安問題，如八十四年間台鐵因事故頻繁而造成局長的異動。其實，對於少數非自由競爭市場組織或價格彈性較低的市場，企業可以尋求以漲價方式，爭取組織改造的時間。

（八）推動組織改造時，首先需鞏固推動改造的權力核心。

理由：由於組織改造的阻力甚大，如果缺乏推動組織改造的相對權力，改造必然失敗。企業獲准重整後，由於重整人獲得法定的地位與權限，因此便於推動組織改造措施。而 Kotter (1995) 在歸納成功組織改造的程序原則時，也以鞏固推動改造的權力核心爲前提。

（九）當領導人地位鞏固時，宜採取TPC組織改造策略。

理由：Tichy and Sherman (1993) 所推介的TPC組織改造策略，因奇異公司成功的變革經驗而獲肯定。TPC策略是指領導者在推動組織改造時，應先進行T (technical) 程序，也就是先處理技術層面的問題，包括根據領導者權限，進行經營範疇的調整，如購併、撤資、結構重組等，是領導者以命令方式就可以進行的行動；其次進行P (political) 程序，所謂P程序，包括避免不必要的衝突以贏得支持、藉由任用支持者與排除反對者以凝聚力量、組織新的政治權力中心、減少幕僚人員、進一步授權、變更幕僚角色、更改薪酬制度等，涉及權力關係的結構和制度的改造；

最後進行C (cultural) 程序，所謂C程序，指的是員工工作行爲與企業文化的改造。奇異公司雖然屬於先應式轉折改造的類型，但是TPC組織改造策略符合兩種類型的轉折改造情境，因爲透過T程序大幅變動組織的例行程序，不但可以創造組織改造所需的急迫感，也可以快速緩和企業的財務困境，極符合轉折改造的任務需求。不過，當推動者的權力基礎不夠穩固時，這個改造策略必須修正爲PTPC，第一個P係反映前述鞏固權力核心的原則。

除了上述九項以個案樣本成功經驗爲基礎所歸納的原則外，我們還可以結合既有的文獻與推測，進一步提出六項成功進行組織改造的原則：

（一）組織改造領導者擁有穩固的權力，有助於組織動員（排除組織成員對變革的抗拒心理），並因此有助於提高組織改造的成功率。

（二）新經營理論的產生，有助於對成員的溝通與動員，並有助於提高組織改造的成功率。

（三）新經營理論的產生需要歷經嘗試與實驗的過程。

（四）更換領導者，較能促成企業提出新經營理論。

（五）新領導者的來源以組織外部或內部異議者爲主，其適任條件有二：

1. 擁有爲組織成員接受的信譽。

2. 能迅速判斷新情勢，擁有形成新經營理論的學習能力與執行能力。

（六）仿照企業重整的邏輯，宣佈組織進入「非常狀態」，並凍結原有體制之運作，建立新管理體制，進行後應式轉折的組織改造，成功率較高。

結語

九〇年代以來，組織改造已經透過間斷均衡模型的普及，而成爲企業長期經營模式中的一環，同時，有效進行組織改造也已經被認爲是現代企業領導者必備的管理技能之一。

不過，目前雖然已經有各式各樣的案例與經驗，學者並試圖提出成功組織改造的通則（註五），但是，吾人以爲，正如 Pettigrew (1987, 1990, 1997) 所一再強調的，組織改造的重點包含改造的內涵 (content)、過程 (process) 與情境 (context)，成功的組織改造需要三者兼顧，因此，如何才能成功推動組織改造，無論是在實務運作的技巧或理論架構的建立上，恐怕都仍然處於摸索階段。

所幸，當吾人確認了組織改造的正當性，並且不斷有較成功的組織改造案例出現（如 Intel 的策略變革）之後，成功進行組織改造的管理通則終將慢慢建立。譬如，有效進行組織改造的第一條守則可能是：「儘可能不要進行以結構變革爲主的轉折改造」。因爲，結構變革所帶來的組織成本太高。而第二條守則自然是：「要建立自我更新型組織，以避免轉折改造」。

雖然有這樣的目標與前提，但是，根據企業長期演進的間斷均衡模型與九〇年代的經驗，許多企業終究難免遭遇環境驟變而需要改造，或者，由於組織惰性的累積，已經面臨必須改造的處境。在這種情況下，我們有以下八點建議：

1. 組織改造是高階主管的責任，旁人無法越俎代庖。
2. 組織改造的起點是高階主管觀念變革；必要時，企業應先更換高階主管。
3. 高階主管欲推動組織改造，必須先建構鞏固的領導中心。

4. 高階主管在推動組織改造之前，須先進行組織診斷（此時，外部顧問可能很有幫助），確認組織改造的類型與目標。
5. 高階主管必須讓員工認知績效差距(performance gap)，或逕行T程序，喚起員工的危機意識，以創造組織改造的急迫感。
6. 高階主管必須就產業與競爭環境，形成新經營理論或遠景，以建構組織改造理論。
7. 轉折改造需要在短時間完成，並且必須就員工士氣進行止痛療傷。
8. 轉型改造是長時間的工作，也是卓越管理者的標誌。

【註釋】

註一：本文節錄自徐聯恩(1999)，「成功的組織改造策略」，中華管理評論網路期刊，第二卷第三期，四月。（詳細參考資料請參閱該文，以及徐聯恩(1996)，「企業變革系列研究」，台北：華泰書局。）

註二：如何發現並分辨組織改造的類型，在實證研究上頗費周章。徐聯恩(1996)曾舉例如下：正新橡膠的產品轉型與生產佈局轉型、中油公司推動事業部制以及中華電信公司的成立，屬於先應式轉型改造；聲寶公司民國七十六年間第二代經營者所推動的組織與事業藍圖的改變，屬於先應式轉折改造；太平洋電線電纜公司事業組合的改變，屬於後應式轉型改造；台機公司的分廠拍賣與台汽公司的大幅精簡人員，顯然屬於後應式轉折改造，而雖然Grove(1996)「十倍速時代」的主旨在鼓吹先應式組織改造，但根據其說明，即使Intel八〇年代中期的改造，也可歸納爲後應式轉折改造。

以下以正新橡膠爲例，說明先應式轉型改造的概念：

正新公司是國內最大輪胎製造廠，目前世界排名第十六名。在大中國地區，規模亦僅次於世界排名十五的上海輪胎廠。公司主要產品爲自行車胎、機車胎、農工用車胎及卡、汽車輪胎。一九六七年正新成立之初專門生產自行車胎與機車胎，其後隨著規模的擴大與輪胎市場結構的轉變，產品組合也隨之擴展。

正新於創業的第二年，便與日本共和株式會社進行自行車內外胎的技術與業務合作，積極拓展外銷。一九七二年，位於彰化大村鄉美港路的總廠完工，正新亦同時從一家以內銷爲主的企業，搖身一變成爲以外銷爲主的公司。一九七四年起迄今，正新更持續二十二年保持台灣橡膠工業外銷實績第一名的寶座。

一九七四年六月，正新開始嘗試產銷卡、汽車用胎，此項新產品與原有產品均於一九七六年經中央標準局依據CNS新標準，核准使用正字標記。一九八二年，正新進一步與日本東洋橡膠株式會社簽訂技術合約，籌建新式鋼絲輻射層輪胎廠。一九八三年由於內外銷總額達新台幣二十八億元，使之一躍而成爲國內最大的輪胎製造公司。

一九八四年，新產品鋼絲輻射層轎車胎順利生產，並積極拓展外銷市場。一九八七年，正新增建台灣的第五個廠溪州廠，生產自行車外胎及工業用車胎；並再次與日本東洋橡膠株式會社合作，生產汽車零件防震橡膠；公司股票亦於同年十二月上市，資本額十三億三千萬元。

一九八八年，溪州廠順利生產，總廠則連續兩年擴增鋼絲輻射層輪胎生產設備。此外，更與日本共和株式會社於大阪成立正新輪胎販賣株式會社，擴大對日出口。

九○年代以來，隨著國內業者赴美國和歐洲成立辦事處的風潮，正新亦於一九九○

年在亞特蘭大設立正新美國公司，一九九一年並拔得頭籌率先於德國設立正新德國公司。

一九九一年五月，正新董事長接受報紙訪問時表示，「依目前國內三大自行車胎廠的發展看來，未來大陸地區將是我國小胎業者生產重鎮。正新公司在廈門杏林設廠，主要爲鞏固正新在低單價產品上的競爭力；再者，透過德國漢堡連絡站及代理商，進行全球自行車胎策略整合及功能性輸出。由於我國業者數十年在產品開發上已擁有領導地位，善於運用現有實力及逐步累積資金，將是正新長期發展的策略。未來小胎工業仍然看好。至於近年來正新公司逐漸邁入大胎產業，考慮原因是爲了多角化經營，而以小胎產業扶植大胎工業，則是正新短期內將採行的經營策略。」

註三：根據組織改造80%係配合新舊領導者更迭，90%則係由領導者推動，概估而來。

註四：Gersick (1994) 指出，原有經營者可能在任期的中點發憤圖強，推動組織改造，他稱之爲時間基礎的經營步伐調整 (temporal pacing)，有別於危機或機會觸動的事件基礎經營步伐調整 (activity-based pacing)。

註五：如頗爲知名的策略研究者 Goshal and Bartlett (1996) 歸納成功組織改造的三階段法則是：簡化、整合與再生，他們不但強調階段程序不可以變動，更強調每一階段的行爲法則是，簡化階段必須搭配紀律與支持，整合階段必須搭配能力延伸與信任。他們同時也認爲，組織改造並沒有一般人想像中複雜，也不是不能歸納出通則。不過，他們雖然提出這套簡化的觀念，但也沒有進一步回答他們所謂 human reengineering（把工程師變成管理者，把管理者變成領導者）的問題。

【參考資料】

(一) Blumenthal, B., and P. Haspeslagh (1994), "Toward a definition of corporate transformation," *Sloan Management Review*, Spring, pp. 101-106.

(二) Ghoshal, S., and C. A. Bartlett (1996), Rebuilding behavioral context: a blueprint for corporate renewal, *Sloan Management Review*, Winter, pp. 23-36.

(三) Kirk, M. O., "When surviving is not enough," *New York Times*, 25, June 1995, p.11.

(四) Pettigrew, A. M. (1987), "Context and action in the transformation of the firm," *Journal of Management Studies*, 24(6), pp. 649-670.

(五) ________ (1990), "Longitudinal field research on change: theory and practices," *Management Studies*, 1(3), pp. 267-292.

(六) ________ (1997), "What is processual analysis?" *The Scandinavian Journal of Management*, Autumn, pp. 337-348.

(七) Romanelli, E., and M. Tushman (1994), "Organization transformation as punctuated equilibrium," *Academy of Management Journal*, 37, pp. 1141-1166.

(八) Tushman, M., W. Newman, and E. Romanelli (1986), "Convergence and upheaval: Managing the unsteady pace of organizational evolution," *California Management Review*, 29(1), Fall, pp. 29-44.

(九) Tushman, M. L., and C. A. O'Reilly III(1996), "Ambidextrous organizations: managing evolutionary and revolution ary change," *California Management Review*, 38(4), Summer 1996, pp. 8-30.

(十) 王平原譯 (1996)，《十倍速時代》，A. Grove (1996), *Only the paranoid survive*, 台北：大塊文化。

(十一)宋偉航譯 (1996)，《企業蛻變》，F. J. Goulillart and J. N. Kelly (1995), *Transforming the organization*, 台北：美商麥格羅希爾台灣分公司。

(十二)呂錦珍譯 (1996)，《轉虧爲盈》，台北：天下文化。

(十三)吳鄭重譯 (1993)，《奇異傳奇》，N. Tichy and S. Sherman (1993), *Control your destiny or someone else will*, 台北：智庫文化。

(十四)邱如美譯 (1998)，《企業成功轉型》，J. P. Kotter (1995), *Leading change*, 台北：天下文化。

(十五)周旭華譯 (1998)，《勇於創新》，Tushman, M. L., and C. A. O'Reilly III (1997), *Winning through innovation*, 台北：天下文化。

(十六)黃賢楨譯 (1992)，《全錄市場爭霸戰》，D. T. Kearns and D. A. Nadler (1992), *Prophets in the dark*, 台北：立言堂。

(十七)楊幼蘭譯 (1994), Hammer, M., and J. Champy (1993), *Reengineering the corporation -- A manifesto for business revolution*，台北：牛頓出版社。

(十八)徐聯恩 (1994)，「創造高績效企業的變革管理」，《世界經理文摘》，92期，頁42－60。

(十九)徐聯恩 (1996a)，企業變革新論專欄，《世界經理文摘》，120期至125期。

(二十)徐聯恩 (1996b)，《企業變革系列研究》，台北：華泰書局。

後記

本書在完成初稿之後到付梓，因爲資料的查證而耽擱延誤了約一年的時間。這期間，台汽發生一些重大的變化，我們無法在本書中詳細說明，但這些變化的基本議題，都在本書討論過。最主要的變化有三：第一、因爲精省，台汽轉隸交通部，主管機構的更迭對於台汽的發展方向，自然有重大影響。第二、一九九九年五月，交通部指派原台鐵會計室處長鐘清達擔任台汽總經理，董事長陳武雄不再兼任總經理一職，也就無法直接指揮公司之經營。台汽的組織變革方向與步調也因而有所調整。第三、工會與資方關係惡化。組織變革最需要勞資雙方的合作，台汽若是無法迅速取得工會的合作，組織變革將功敗垂成。

國家圖書館出版品預行編目資料

駛向未來：台汽的危機與變革／徐聯恩, 葉匡時, 楊靜怡
著. -- 初版. -- 台北市：生智, 2000〔民 89〕
面； 公分. -- （MBA 系列；3）

ISBN 957-818-084-5（平裝）

1. 台灣汽車客運公司 2. 企業管理 3. 公業再造

557.345 88016826

駛向未來——台汽的危機與變革

MBA 系列 3

著 者／徐聯恩、葉匡時、楊靜怡
出 版 者／生智文化事業有限公司
發 行 人／林新倫
總 編 輯／孟 樊
執行編輯／張明玲
登 記 證／局版北市業字第 677 號
地 址／台北市文山區溪洲街 67 號地下樓
電 話／886-2-23660309 886-2-23660313
傳 真／886-2-23660310
印 刷／科樂印刷事業股份有限公司
法律顧問／北辰著作權事務所 蕭雄淋律師
初版一刷／2000 年 2 月
I S B N ／957-818-084-5
定 價／新台幣 280 元

南區總經銷／昱泓圖書有限公司
地 址／嘉義市通化四街 45 號
電 話／886-5-2311949 886-5-2311572
傳 真／886-5-2311002

郵政劃撥／14534976 帳戶／揚智文化事業股份有限公司
E-mail／tn605547@ms6.tisnet.net.tw 網址／http：//www.ycrc.com.tw